Doria Nature

Franz LAMBERTY

Doria Nature

Nouvelle édition

Éditions Écrins d'Aurores

ISBN 978-2-9529023-4-2

À ma Petite Planète Bleue...

« Croire au soleil
quand tombe l'eau. »
Louis ARAGON

Le 3 septembre 1994, 20 h 10

La nuit tombe lentement sur Bruxelles. Je le sais à la couleur du ciel. Le Soleil se couche derrière un voile de nuages roses. Doucement, une à une, les étoiles commencent à apparaître, à scintiller. Petit à petit, les boulevards, les rues, les tours s'illuminent. Les voitures, les gens s'animent. Devant moi, au-dehors, la fourmilière grouille sans savoir que mes yeux la suivent... Sans savoir que je l'envie... Sans savoir que je suis prisonnière... prisonnière derrière ma fenêtre... prisonnière pour toujours...

Je regarde cette vie sans y avoir accès. Je donnerais cher pour être l'une de ces silhouettes, même pour quelques heures encore avant que... Oh, j'aimerais tellement sortir, marcher, errer n'importe où, respirer l'air de la ville, juste me sentir libre. Libre et vivante ! Ce spectacle, qui semble banal pour tout un chacun, ne l'est pas pour moi. Enfin, ne l'est plus...

J'observe par la fenêtre de ma chambre... de ma chambre d'hôpital où je suis condamnée. Condamnée à partir... Condamnée à mourir... Mourir, quel mot terrifiant ! Ce mot m'étouffe... M'étouffe comme le mal qui me ronge dans la tête... Mais que puis-je faire ? Je ne peux pas lutter contre la maladie... Je suis impuissante. Pourtant, je suis encore jeune... Jeune pour sortir, faire la fête, vivre... Vivre, tout simplement. Pas pour mourir. Mais hélas, je glisse lentement vers la mort.

La mort… Un mot qui fait trembler. Trembler d'effroi. Cela me glace le sang. Pourtant… Je n'ai pas d'autre choix que de l'attendre. De l'attendre… Quel cauchemar ! Si seulement je pouvais retarder l'échéance… Ouvrir les yeux et repartir dans mes années passées pour tout recommencer.

L'image que j'ai de la mort est terrifiante, presque insoutenable. Et depuis que je sais… Que je sais qu'elle est là, tout près… Qu'elle rôde dans cette chambre… Depuis que je connais la vérité, le verdict des médecins… C'est pire ! L'inévitable me nargue, telle une épée de Damoclès sur ma pauvre petite tête. D'ailleurs, c'est ma tête qui souffre… et qui pourrit en premier. Au fil des jours, des heures, des minutes, l'étau se resserre et m'étouffe. L'idée de disparaître à jamais et de me sentir enfermée dans un cercueil, dans l'obscurité, avec pour seul compagnon le silence absolu, m'oppresse. Je suis morte, oui, mais morte de trouille avant de l'être corps et âme tout entière. Je ne peux admettre un tel verdict… Je ne m'imagine pas un seul instant pourrir entre quatre planches et devenir poussière trois mètres sous terre… Pourrir, mourir, d'ailleurs, quelle est la différence ?

⁂

À présent, mes amis… Laissons de côté cette image gore de la mort terrifiante ! De toutes mes forces, je vais me concentrer pour la regarder autrement. Pour l'envisager belle, ressemblant à une vie nouvelle, à un nouveau soleil. Pour la fabriquer à l'image de mes escapades terrestres, mes escapades solitaires faites avant d'être enfermée dans cette chambre d'hôpital. Si vous le voulez bien, je vais vous emporter avec moi dans un paradis bien réel…

Oh, je vous vois sourire… Vous vous dites : « Encore une enfant naïve qui rêve d'un monde enchanté ou d'un paradis merveilleux qui n'existent que dans les contes de fées ! » Vous pensez que je divague, pire, que je délire avec la maladie. Alors, je vais vous surprendre. Ce monde enchanté, je l'ai vu. Je l'ai vu comme je vous parle… Il existe réellement. Pas dans mes rêves, non… en vrai ! Sur notre planète Terre, dans la réalité. Ne riez pas, je ne suis pas folle… Ce monde étrange et magique, vous le côtoyez chaque jour. Cet univers ensorceleur a éclairé ma vie. Il a désormais donné un sens à ma mort proche. Un sens lumineux…

Oui, maintenant, je peux le crier haut et fort : j'ai une lueur d'espoir… Une lueur d'espoir qui pétille au fond de moi… Une lueur d'espoir à laquelle je m'accroche de toutes mes forces… Une lueur d'espoir qui m'aide à positiver et à y voir plus clair en moi. Cette petite lueur est le seul rayon de soleil qu'il me reste. Oui, je veux y croire. C'est d'ailleurs ce qui m'amène à prendre la plume aujourd'hui. J'aimerais vous confier cet espoir, ce secret, pour ne pas le voir disparaître avec moi. Pour qu'il reste avec vous, près de vous.

Peut-il s'adapter à vous ? Peut-il vous guider ? Je ne sais pas. Mais en tout cas, je l'espère. Je le souhaite du fond du cœur.

Suivez-moi dans mes découvertes de ces dernières années… Suivez-moi dans mes escapades où j'ai découvert des choses merveilleuses et étranges à la fois… des choses qui ne prennent vraiment leur sens à mes yeux qu'aujourd'hui, au moment même où je vous parle. Oui, la mort est peut-être loin de ressembler à un cauchemar. Oui, c'est peut-être un beau rêve ressemblant à un Éden paisible. Vous avez dit « Paradis », « Vie éternelle » ? Ça, c'est ce que les sœurs m'enseignent depuis mon plus jeune âge à l'orphelinat. Dieu, Jésus, la Bible… Mais moi, je n'y crois pas trop. J'ai vu beaucoup de choses dans ma courte existence, mais jamais Dieu… D'ailleurs, l'avez-vous rencontré, vous ? Pas plus que moi, je pense ! Bien sûr, j'aimerais le rencontrer, surtout en ce moment, mais je crains qu'il n'existe pas… Après tout, ce n'est pas grave ! J'ai peut-être découvert un autre chemin, un autre salut… En tout cas, j'y crois dur comme fer. Je m'y accroche pour ne pas sombrer dans la peur. Vous voulez que je vous dévoile mes secrets ? Ils vous aideront peut-être dans votre avenir…

⁂

Désolée ! J'ai été retardée par Mireille, l'infirmière qui nous a interrompus. Je ne sais pas ce qu'elle a aujourd'hui. Son comportement à mon égard n'est pas habituel. Elle vient sans cesse me rendre visite comme si j'étais mourante. Pourtant, elle n'a aucune raison de s'inquiéter. Oh ! là, là ! Je n'aime pas ça… Elle va m'angoisser à force d'agir ainsi. Je respire bien, et mon cœur bat normalement. Je lui ai dit de se calmer, que je désirais rester seule dans ma chambre. Seule pour pouvoir dormir… Enfin, pour écrire… Mais chut ! Elle ne doit pas savoir. C'est notre petit secret. Avant de sortir de la pièce, elle m'a aidée à faire ma toilette. Hé oui, je ne peux plus me laver seule. À présent, je me sens beaucoup mieux. Propre et rafraîchie… Je pense avoir la force d'écrire toute la nuit… J'ai besoin de vous emmener avec moi loin d'ici avant qu'il ne soit trop tard. J'ai besoin de vous montrer la route du paradis, avant de partir sur la pointe des pieds, de l'autre côté du miroir.

Je reprends mes notes où je les ai laissées… Où en étais-je ? Ah, oui ! J'allais vous dévoiler mes secrets…

Je tiens le stylo bic dans ma main droite. C'est la seule que j'arrive encore à bouger à peu près normalement. Mes doigts humides et engourdis tremblent. Cela fait tellement longtemps qu'ils n'ont pas travaillé. J'écris lentement sur mon bloc de feuilles quadrillées. Tout effort me fatigue, mais ne vous inquiétez pas, je vais y arriver. Doria n'abandonne jamais ! C'est étrange et drôle à la fois de savoir que l'on écrit à des inconnus. Au tout début, lorsque j'ai commencé à noircir mes premières feuilles, je pensais vous raconter ma vie… de ma naissance jusqu'à aujourd'hui, comme quand on écrit un journal intime. Une autobiographie, me direz-vous ! Mais à présent, j'ai tout simplement envie de discuter avec vous. Oh, que j'aimerais vous connaître, chers lecteurs ! Quel âge avez-vous ? Que faites-vous dans la vie ? Vous travaillez ? Vous êtes mariés ? Et si oui, vous avez des enfants ? Vous savez, vous pouvez me répondre… tout bas ou dans vos pensées. Je vous entends… À l'heure où vous lisez ces lignes, je suis déjà morte, et je flotte quelque part près de vous, invisible. Coucou !

À mon tour de me présenter ! Je parle, je parle depuis quelques heures déjà… Et vous ne savez encore rien de moi. Qui suis-je ? Bonne question ! Ne soyez pas impatients…

Je m'appelle Doria. J'ai quinze ans. Je suis une jeune fille qui aime la vie. J'habite dans un grand orphelinat à Malmedy. J'ai de longs cheveux blonds jusqu'aux fesses, des yeux très bleus qui me valent le surnom de « Petite Étincelle ». Je suis toute mince et très petite physiquement… Vraiment très petite ! Au collège, d'ailleurs, tout le monde se moquait de moi. « Doria, la maternelle, c'est pas ici ! », « Demi-portion, t'as oublié tes échasses ! », et j'en passe.

Mais toutes ces réflexions ne me dérangeaient pas. Car moi, j'aime être petite. Cela me permet d'aller où je veux en passant inaperçue, de me faufiler, même dans les lieux interdits. Minuscule, malade, orpheline… Pauvre petite fille malchanceuse ou mal née, me direz-vous ! Hé bien, non… Il ne faut surtout pas me plaindre. Je ne suis pas d'accord avec vous. De la chance, j'en ai… J'en ai même beaucoup. Allez faire un tour au Tiers Monde ! Vous verrez des enfants sur les trottoirs… des enfants abandonnés, malades, affamés, exploités, sans toit ni refuge. Des enfants déchirés par la guerre, par les hommes, par le destin… Des enfants sans repères, ni amour. Eux, je peux dire qu'ils n'ont pas de chance. Et malheureusement, ils sont des millions et des millions dans ces situations inhumaines…

Parfois, je les entends hurler, pleurer, la nuit dans mon sommeil. Ils m'appellent pour que je puisse les aider. Ils m'envoient des cris de détresse. Mais je ne peux rien faire pour eux… Mon Dieu, je voudrais tant pouvoir les aider. Si je pouvais faire quelque chose !

⁂

Je regarde l'horloge suspendue au mur de ma chambre d'hôpital. Les trois aiguilles tournent indéfiniment… Elles, au moins, ne se posent pas de question. Leur temps est déjà tout réglé. Et ne tient qu'à une minuscule pile… Si seulement c'était aussi simple pour moi… Pouvoir me guérir en changeant une pile…

Si je pouvais n'être que la trotteuse…

Mes yeux quittent l'horloge pour se tourner de nouveau vers la fenêtre. Dehors, la fourmilière humaine s'est calmée, à part des bruits de voitures qui circulent sur le boulevard. Le ciel est sombre, en dépit de quelques étoiles lointaines… Sombre comme la mort… Tout est noir. Beuh ! Je n'aime pas le noir. Cela me fait penser au néant. Le noir ressemble au vide. J'ai peur de nouveau ! Je préfère la lumière, le Soleil, la nature éblouissante… qui eux sont les couleurs de la vie, la palette du bonheur.

Si je pouvais faire un vœu, là sur-le-champ… Ce serait celui de retourner à Malmedy, dans mon petit paradis. Oh, oui ! Si je ferme les yeux, je les vois… Mes forêts, mes rivières, mes amis… Ils me manquent tellement… Mais c'est impossible. Je le sais. Le seul fait d'y penser me fait monter les larmes aux yeux…

Malmedy est un monde à part, vous savez. Une petite ville perdue au milieu des forêts. Un centre urbain situé loin de tout. C'est la Haute Ardenne belge avec ses paysages vallonnés, ses sentiers pédestres et ses pistes de ski. Vous l'aurez compris, Malmedy est surtout une ville touristique. Sa population double ou triple durant les week-ends et les vacances. Là, les campings se remplissent, et les hôtels affichent complet. Cette région est riche de belles choses à découvrir. L'architecture des maisons et des immeubles est incroyablement belle ! En tout cas, moi, j'adore... Toutes les constructions sont faites en pierres du pays : schiste, ardoise, terre grise... Certaines adoptent aussi une structure en colombage, c'est-à-dire qu'elles sont construites en pans de bois en alternance avec des pierres, des briques ou d'autres matériaux dans le genre, un peu comme en Allemagne.

D'ailleurs, Malmedy était autrefois une ville allemande. Ceci explique cela. Il y a également de jolis monuments à voir : la cathédrale, le kiosque, les chapelles, les ponts sur les rivières... Beaucoup de touristes s'y arrêtent pour les visiter ou les prendre en photo. Ils sont incontournables.

Enfin, c'est une ville qui aime faire la fête... Venise n'a pas la primeur du carnaval de février ! Malmedy aussi a son carnaval à la même période de l'année... Elle aussi s'habille et se déguise pour l'occasion. Si vous désirez découvrir cette fête, venez faire un tour dans notre ville à cette période de l'hiver ! Une seule chose... Vous ferez bien attention en vous approchant des carrosses... Il pleut des oranges.

Moi, j'habite à la sortie de la ville, sur la route qui mène à Waimes et Bütgenbach… Je vis à l'orphelinat des Neiges Bleues, un petit coin de paradis que tout le monde envie. Les sœurs l'appellent l'Institut. C'est un grand bâtiment en pierre qui compte trois étages, un grenier, un sous-sol et qui se divise en plusieurs ailes, destinées aux filles, aux garçons et aux sœurs. On y trouve une chapelle, des alcôves, des salles de jeux et d'études, deux réfectoires, des dortoirs pour les petits, des chambres individuelles pour les grands, des passages souterrains et plein de pièces interdites… À côté, il y a un couvent où résident nos sœurs éducatrices, et entre les deux, s'étend un immense parc arboré, notre terrain de jeu. Un grand mur délimite la propriété… Un mur de plusieurs mètres de haut, infranchissable, avec un portail surveillé à l'entrée…

Ce que j'aime le plus à l'orphelinat, c'est le parc. Oui, je l'adore ! Il est magnifique avec ses ruisseaux, ses étangs, ses prairies et ses bois majestueux aux arbres centenaires. Tous ont été plantés, jadis, par les moines qui habitaient les lieux. La partie la plus proche de l'orphelinat est bien entretenue. La pelouse est bien verte et tondue. Les plantes sont chouchoutées. Les parterres regorgent de fleurs. Les chemins sont recouverts de graviers. Mais plus on s'éloigne, plus le domaine est laissé à l'abandon. Du coup, la faune et la flore s'y développent. C'est tellement grand qu'il n'est pas facile de tout entretenir. Le sous-bois est sauvage, impénétrable, envahi par les mauvaises herbes, la mousse et le lierre. Les arbres poussent partout. Même des animaux y habitent… Des chats, des lapins, des renards. Un jour, j'ai même aperçu un troupeau de sangliers. C'est dire si le coin est spacieux et indompté. Pour nous, ce jardin géant est un vrai paradis, un lieu magique où l'on peut donner libre cours à toutes nos envies d'enfant : des camps, des parties de cache-cache, des jeux de piste, des journées mystiques. Il nous offre un maximum de liberté. Par contre, nous devons faire attention à ne pas nous perdre. Cela arrive parfois. Même les sœurs parviennent à s'égarer dans le parc. Cela nous fait rire.

Voulez-vous savoir combien nous sommes à l'orphelinat ? Si je n'oublie personne… nous sommes une centaine à vivre ici. Nous avons entre dix et dix-huit ans. Notre point commun est le fait d'être sans famille. Pour des raisons différentes… Certains, comme moi, ont été abandonnés à la naissance ou très jeunes, et n'ont jamais connu leurs parents. D'autres, par contre, les ont connus mais ont déjà dans leurs bagages un passé lourd à porter : maltraitance, divorce, décès…

Ici, nous sommes heureux. Nous formons une belle et grande famille. Tout le monde s'aime et s'entraide dans la joie comme dans la douleur. Trois sœurs veillent sur nous en permanence. Je vais vous les présenter. Sœur Élisabeth, d'abord, est la responsable de l'orphelinat. Visage froid, cheveux gris, grande et assez forte, elle impressionne dès le premier regard… Avec elle, on ne rigole pas et on se tient tranquille. Elle est très autoritaire, et il ne faut surtout pas la chercher. Ensuite, il y a sœur Berthe, ma préférée… petite avec de longs cheveux blonds presque gris. Et enfin, nous avons sœur Ursule, grande mince aux cheveux noirs qui s'occupe surtout des réfectoires et de la cuisine. D'autres moniales se consacrent aussi à nous, mais uniquement durant les week-ends et les périodes de vacances. Si vous venez un jour visiter Malmedy et si votre curiosité vous entraîne jusqu'à l'Institut, vous les reconnaîtrez facilement. Elles sont toutes habillées pareil, vêtues d'une sorte de soutane bleu foncé avec un col blanc. Elles sont coiffées de leur voile qu'elles ne quittent jamais. Ce serait un sacrilège.

Et puis, il y a mes amis… Difficile de tous les passer en revue tellement ils sont nombreux. Mais je vous parlerai quand même de Verity, Sylvie, Virginie, William, Luca, Tarja et Éric car ce sont les meilleurs amis du monde. D'abord, Verity… brune et très jolie. Nous avons le même âge. Elle est gentille, douce et discrète. Sa passion, c'est l'écriture. Elle rédige un roman à travers des poèmes, mais elle reste muette sur le sujet. Personne ne sait ce qu'elle raconte. En fait, elle garde le secret. La surprise sera dévoilée lorsqu'elle aura terminé son ouvrage.

Sylvie, je la considère un peu comme ma grande sœur. Elle va bientôt avoir dix-huit ans. Elle a été ma confidente lorsque je suis arrivée à l'orphelinat. Elle a le grade de ma première vraie amie, puisque c'est elle que j'ai connue à mes débuts ici. L'année prochaine, elle part à Liège, à l'université. Elle va étudier le droit. Son rêve est de devenir avocate pour défendre et protéger des enfants orphelins comme nous.

On l'encourage tous haut et fort à continuer dans cette voie. Qui sait, peut-être qu'un jour, elle améliorera notre quotidien…

Virginie est très belle. C'est la plus belle fille de l'orphelinat, de Malmedy, de Belgique et peut-être même du monde entier. Elle est sacrément canon.

Blonde aux yeux bleus, dix fois plus belle que Pamela Anderson… Je vous laisse imaginer. Tout le monde n'a d'yeux que pour elle ici. Et c'est d'ailleurs mérité car elle est fantastique. Aimable, toujours souriante… Son rêve à elle, c'est de devenir mannequin. D'ailleurs, elle pose déjà pour des marques de prêt-à-porter féminin. Elle est très convoitée. Elle non plus, ne fera pas de vieux os à l'orphelinat.

William… Oh, William, lui, c'est mon meilleur ami. Il a tout pour plaire. Grand brun aux yeux bleus, beau gosse, sportif et gentil. C'est le premier garçon sur lequel j'ai craqué dans ma vie. Attention, je dis bien « craquer », car avec le recul, je peux avouer maintenant que je n'en étais pas amoureuse. De toute façon, pour des raisons indépendantes de ma volonté, il ne s'est jamais rien passé entre nous. Nous sommes toujours restés de bons et fidèles amis.

Luca, pour sa part, c'est notre clown local. Petit, bedonnant, marrant. Il a toujours l'esprit en fête. C'est lui qui assure l'ambiance à l'orphelinat. Il nous console et nous réconforte quand nous n'allons pas bien. Son enthousiasme omniprésent nous inspire tous.

Tarja, elle, fait partie de mes nouvelles amies. Elle est toute jeune. Elle vient d'arriver à l'Institut. Comme moi, elle adore la nature. On se confie souvent l'une à l'autre. Elle est un peu mon reflet, mon miroir… un miroir dans lequel j'aime me regarder.

Enfin, vient Éric… Mon petit ami, mon amoureux… Ah ! Comment vous le décrire ? Beau, petit, sûr de lui mais fragile… Je l'aime de tout mon cœur. Je l'ai rencontré il y a cinq ans, à mon arrivée à l'Institut. Lui, il était déjà là depuis plusieurs années. C'était le caïd, le chef. Il était respecté, écouté de tous les enfants. Pour se faire intégrer, il fallait passer par lui. Et surtout bien s'entendre avec lui. Malheureusement pour moi, ce n'était pas mon cas. Il se moquait sans arrêt de ma petite taille. Il me traitait de Minipouss… Évidemment, je n'appréciais pas son humour, et on se chamaillait souvent. Mais notre mésentente n'a pas été un obstacle pour me faire des amis. Et ça, ça le dérangeait plus qu'autre chose… Ainsi, petit à petit, il s'est calmé, et il m'a prise un peu plus au sérieux. On a commencé à se familiariser l'un à l'autre, à discuter, à se connaître, et progressivement, notre petite guerre-guerre s'est transformée en une gentille plaisanterie. Enfin, il y a un an, sur un coup de tête, nous sommes sortis ensemble. Aujourd'hui, nous sommes inséparables. On forme un joli couple. Enfin, on formait… car depuis mon hospitalisation à Bruxelles, je l'ai repoussé plusieurs fois. Oh, ce n'est pas qu'il m'ait fait quelque chose de mal. Mais depuis ma maladie, je n'ai plus envie de voir de garçons. Oui, c'est étrange. Je me sens loin de tout ça. Ils me dégoûtent tous. Pourtant, notre relation était loin de me déplaire… C'était même agréable, d'ailleurs. La preuve, nous sommes restés ensemble pendant un an.

⁂

Et voilà, je me remets à déprimer, maintenant ! C'est normal… Je ne parviens pas à contenir mes émotions lorsque j'évoque mes amis. À chaque fois, je ne peux contrôler mes larmes. Ne m'en voulez pas ! Je les aime tellement fort. Ils sont loin de moi et surtout, ils me manquent terriblement. C'est dur ! Dès que je pense à eux, les questions m'assaillent. Que font-ils en ce moment ? À l'heure où je vous écris ?... Ils dorment, certainement. Mais la journée ? Leur arrive-t-il de penser à moi ? Que font-ils ? Est-ce que je leur manque ? Si vous saviez ! Le fait d'être privée d'eux m'est aussi difficile que ce manque de liberté. J'aimerais tant les revoir. Être libre près d'eux. J'aimerais pouvoir leur parler. Refaire ensemble ces magnifiques promenades dans les forêts ardennaises. Ou encore les quatre cents coups sur le chemin du collège...

C'est décidé, je vais leur écrire... Oui, il le faut absolument. Depuis que je suis malade, je suis très désagréable avec eux... Je fais tout pour les éviter, pour les fuir. Quelquefois, ils font le voyage jusqu'ici pour venir me voir. Et moi, tout ce que je trouve à faire, c'est de m'enfouir sous les couvertures et de les envoyer bouler. Ils n'ont pas mérité cela. Mais l'agressivité est due à cette tumeur qui me ronge, me détruit lentement. Je crois que le fait d'être prisonnière de cette chambre d'hôpital, de ne pouvoir contrôler mon destin, de ne pouvoir vivre normalement, tout ça réuni fait que j'en veux à la Terre entière. Je souhaiterais leur dire que je les aime du fond du cœur et qu'ils me manquent. Que depuis mon hospitalisation, je ne suis plus leur Petite Étincelle, mais un autre personnage... un personnage odieux qu'il faut vite oublier, gommer. Je veux leur dire qu'ils doivent garder en tête Doria, l'amie de toujours, celle d'avant sa maladie... Oui, je leur écrirai car je ne veux pas partir sans leur laisser d'explications. Partir, quel drôle de mot pour évoquer la mort... On dirait que je pars en voyage. Oui, je pars en voyage… Mais un voyage avec un aller simple en poche. Un voyage où il n'y aura aucun retour… Je pars pour l'éternité ! Cette fois, je crois que je suis vraiment malade… Je rejette tout le monde jusqu'à moi ! Je me demande si je m'aime encore. Je me trouve moche. Je n'ose même plus me regarder dans une glace. Le reflet que me renvoie le miroir m'effraie. Je suis blanche, squelettique, presque défigurée par la maladie. Mais c'est de ma faute si je suis dans cet état… Je n'ai qu'à faire un effort. Accepter ceux qui m'aiment dans ma chambre. Sourire et aimer la vie comme dans le passé. Oui, je pourrais faire semblant. Enfin, tout au moins, essayer de donner le change pendant les visites. Je sais tout ça. Mais c'est incontrôlable, je n'y arrive plus. Mon esprit refuse. Il se laisse mourir. On dirait qu'il accepte la fatalité sans se battre. Et je ne peux rien faire. C'est atroce !

La seule et unique chose qui me retient encore à la vie dans ces moments difficiles, c'est vous. Hé oui, vous, chers inconnus qui lisez ces lignes… Alors, je m'accroche comme je peux à mon stylo, et je vous écris, je vous parle… Car j'ai besoin de vous. J'ai besoin de vous comme d'une bouée. À mesure de mes écrits, vous êtes devenus mes amis, mes nouveaux amis… Mes nouveaux amis et mes derniers confidents. Ceux qui font partie de mes derniers jours, mes dernières heures…

Vous voulez une preuve de mon amitié sincère pour vous ?

La voilà : vous êtes les seuls à savoir que je vais mourir. Vous êtes les seuls à connaître cette tragique vérité. Oui, car à l'orphelinat, personne n'est au courant. Enfin, sauf les sœurs, bien sûr ! J'ai choisi de ne rien dire, de garder le secret. Je préfère cacher la raison de mon hospitalisation à mes amis. Je ne veux pas qu'ils sachent que je ne reviendrai pas. C'est terrible mais c'est vrai. Ici, c'est ma dernière demeure.

J'ai demandé aux moniales de taire le verdict des médecins. Ne me demandez pas pourquoi ! Peut-être ma fierté, mon amour-propre, mon sale caractère ? Je ne le sais pas moi-même… Encore une réaction qui m'échappe !

Mais qu'est-ce que je raconte encore ? J'en ai marre de partir en vrille, par moments. Ne m'en voulez pas ! Je suis à fleur de peau, perdue et triste de ce qui m'arrive. Par moments j'ai peur, d'autres fois non… Je ne sais plus. La seule chose que je sais, c'est que je n'ai que quinze ans et que je ne veux pas mourir ! Je n'ai pas décidé de mon destin et c'est pourquoi il m'est difficile d'accepter la triste réalité.

Mes amis, je vous promets qu'à présent, je vais essayer de me contrôler. Je ne prends pas la plume pour me lamenter. Mon objectif est de vous parler de ce qui a donné un sens à cette mort certaine. Oui, vous allez dire : « Doria délire… Elle parle d'un endroit merveilleux après la mort et quelques minutes plus tôt, elle dit le contraire ! »

Oui, je suis compliquée en ce moment. Tout est contradictoire dans mon esprit, c'est le fouillis. Mais qui n'aurait pas de doute à ma place ?

Bon, assez pleuré sur mon sort ! Ma rage et ma peur, je dois les déverser sur les infirmières et les sœurs. Et non sur vous. Vous, je dois vous réserver toute ma joie, toute ma félicité, tout ce qu'il reste de bon en moi. J'ai tant de choses à vous dire. Mais hélas, si peu de temps pour le faire. Je ne dois pas gaspiller une seule seconde de l'énergie qu'il me reste… Alors, revenons vite à Malmedy !

⁂

L'orphelinat est mixte mais comme je vous l'expliquais plus haut, le bâtiment des garçons est séparé de celui des filles. Par contre, nous nous retrouvons de nouveau tous unis à l'école ou au collège. La plupart d'entre nous vont au collège de Malmedy. Il est à deux pas de l'Institut. C'est facile ! Nous y allons à pied. Mais pas seuls, non ! Nous sommes chaperonnés, comme des bébés, par sœur Berthe et sœur Ursule. Elles ne nous lâchent pas d'une semelle. Et tenez-vous bien, elles nous accompagnent jusque dans la cour de récréation.

Les autres adolescents, faute de place, vont au collège de Stavelot. Il se situe à dix kilomètres de l'orphelinat. Là, c'est plus compliqué. Ils doivent prendre le bus. Ils partent une heure plus tôt le matin, et reviennent une heure plus tard le soir. Du coup, on ne se voit que très peu dans la semaine, et cette séparation nous est douloureuse. Dans ces moments-là, notre grande famille n'est pas entière et cela nous mine. Mais bon, à la longue, nous nous sommes accoutumés à cette rupture journalière.

En général, nous tous à l'Institut aimons l'école. Enfin… Soyons francs ! Disons que… quitter l'orphelinat pour quelques heures nous fait du bien. Car les cours en eux-mêmes, on s'en fiche pas mal. D'ailleurs, certains n'hésitent pas à oublier d'y aller, ou plutôt à les sécher… Éric, Timo, Pierre, par exemple… Eux, ils passent leur temps dans les bars de la ville à aller boire des « canons ». Et personne n'ose les dénoncer auprès des sœurs car ils forment une bande très virulente et respectée dans Malmedy… De toute façon, moi, je m'en moque. Ce qu'ils font de leur temps ne me regarde pas. Éric insistait toujours pour que je vienne avec lui. Mais vous n'allez pas tarder à découvrir que j'avais beaucoup mieux à faire…

Les week-ends et les vacances, nous restons généralement à l'orphelinat. Les sœurs nous font faire toutes sortes d'activités : du bricolage, de la couture, du jardinage, des jeux dans le parc, etc. Sans oublier que nous avons aussi droit aux messes du samedi soir et du dimanche matin. Évidemment, ça ne plaît pas à tout le monde, mais cela fait partie des obligations de l'orphelinat, sous peine de devoir prier des journées entières avec les sœurs au couvent. Et ça, personne n'en a réellement envie ! Une vie finalement très routinière quand on y pense, voire monotone…

⁂

À ces évocations, je souris tristement… Mes yeux sont encore attirés par l'horloge et ses aiguilles condamnées… Condamnées comme je le suis également dans ce lit d'hôpital. Si, par magie, je pouvais remonter ces aiguilles… si je pouvais remonter dans le temps, ce temps si précieux… Je le ferais immédiatement. Si je pouvais faire le vœu de revivre cette routine… Oh, que j'aimerais que tout recommence ! Aller à l'école, être la première de la classe, me surpasser, faire de longues heures d'étude le soir à l'orphelinat… Mais c'est impossible !

Vite, attention ! Je vous cache… Quelqu'un entre dans ma chambre.

C'est Mireille ! Tiens, cela faisait longtemps… Elle râle. Elle n'est pas contente de me voir encore éveillée à cette heure-ci. Elle éteint la lumière, tire les rideaux, et repart sans me dire bonsoir. Elle réagit ainsi, à chaque fois qu'elle est de mauvaise humeur. Il est vrai que j'ai été odieuse avec elle aujourd'hui. J'entends ses pas s'éloigner dans le couloir. Ouf ! Je vais pouvoir rallumer ma lampe de chevet posée sur ma table de nuit. Ainsi, je pourrai continuer à me confier. J'ai encore besoin de vous écrire… J'ai une dernière chose importante à vous dire avant de m'endormir. Même si je suis fatiguée, je dois lutter. De toute façon, bientôt, la question ne se posera plus… Je dormirai pour toujours !

Vous savez, Éric, mon amoureux… ce n'était pas l'homme de ma vie. Oui, à présent, je le sais. Trop de choses nous séparaient. Nous n'étions pas du même monde tous les deux. Lui, il était du genre très terre à terre, cartésien, comme on dit plus justement, vous voyez, le genre de garçon un peu rationnel, matérialiste. Il voulait réussir dans la vie, dans la société, faire une grande carrière professionnelle et surtout gagner beaucoup d'argent. C'était tout le contraire de moi.

Oui, moi, Petite Étincelle, je navigue ailleurs… Je m'évade dans mes pensées, dans mes rêves et dans la nature. En fait, je cherche la Lumière… Je cherche la Lumière pour la répandre autour de moi, et en faire profiter les autres. Cette Lumière éternelle qui propage la vie jusqu'aux confins de l'univers... C'est une longue histoire, un long chemin. Et ce chemin, justement, j'aimerais le parcourir de nouveau. Mais avec vous, cette fois. J'ai toujours entendu dire que lorsqu'on sent qu'on est sur le point de mourir, on revoit toute sa vie défiler. Hé bien, moi, j'aimerais revivre ces moments-là... Et uniquement ceux-ci, car ce sont les plus beaux de mon existence. Je vous laisse sur cette note d'enchantement. On en reparlera demain. Bonne nuit, les amis !

Le 4 septembre 1994, 1 h 15

En dépit de la fatigue, je ne parviens pas à fermer l'œil. J'ai toujours du mal à trouver le sommeil, allongée sur le dos. J'ai l'habitude de dormir sur le côté ou sur le ventre mais dans mon état désastreux, je ne peux pas. En plus, je suis reliée à une machine médicale qui me maintient en vie. Ce n'est pas très pratique. Il y a des fils partout, et avec mes longs cheveux, je m'emmêle les pinceaux… Bon, d'accord ! J'arrête de me plaindre. Si je ne peux pas dormir, c'est surtout parce que je suis tout excitée. Voilà la vraie raison ! Excitée de vous avoir rencontrés… Excitée de vous emmener dans mon univers. D'ailleurs, je crois que c'est le bon moment pour vous emmener avec moi. C'est la nuit. Le calme et le silence veillent sur nous. Personne pour nous déranger… Commençons donc par le début, là où tout a commencé ! Malmedy…

⁂

Je suis arrivée à l'orphelinat il y a un peu plus de cinq ans, maintenant. Je me souviens très bien du premier jour.

C'était un 3 juillet… Les grandes vacances débutaient. J'avais neuf ans… Neuf ans, seulement. Et pourtant, neuf ans de vie sans surprises, sans nouveautés, sans repères ni tendresse derrière moi !

Neuf années balancée de gauche à droite, de foyer en foyer, comme si j'étais un fardeau pour la société. Un fardeau dont il fallait se débarrasser et dont personne ne voulait…

C'était comme ça que je m'étais retrouvée là. À l'orphelinat de Malmedy. Mais cette fois, après maints endroits ternes, j'étais dans un lieu magique et réputé. Partout où j'avais mis les pieds, j'en avais entendu parler. Il était beau, grand et spacieux. Il y avait un parc immense, des chambres individuelles, de la nourriture délicieuse, des sœurs gentilles et une bonne ambiance. Il était considéré comme un orphelinat trois étoiles, un Eldorado où tout le monde voulait aller. Enfin, nous les orphelins ou les abandonnés ! Mais le nombre de places était limité. Ainsi, pour mériter son ticket d'entrée, il fallait être sage, sortir un peu du lot et surtout, avoir de la chance… Apparemment, c'était mon cas. Pourtant, je ne l'avais pas cherché. En a témoigné ma grande tristesse quand j'ai franchi le portail, ce 3 juillet. Je venais de quitter tous mes amis d'enfance du Namurois. Ils étaient désormais loin de moi. Ils me manquaient, et je me sentais bien seule dans ce nouvel endroit où je ne connaissais personne. Les gens étaient distants. Les sœurs froides et autoritaires. Je déprimais. Sur le coup, je voulais m'enfuir et retourner à Namur, mais cet instant rebelle s'est vite dissipé. Je n'avais qu'à regarder dehors, observer la nature et écouter le chant des rivières… pour tomber déjà amoureuse de cette région fantastique. Oh oui, si je ferme les yeux, je vois encore les forêts immenses, les prairies vertes et sauvages, les torrents qui dévalaient les collines… Du haut de mes neuf ans, c'était la première fois que je voyais un paysage aussi beau. Je ne savais pas qu'il existait des endroits pareils en Belgique. Mon tout premier orphelinat se situait à Bruxelles, en plein cœur de la ville, qui entraînait avec elle la pollution et le béton. Le suivant, à Charleroi. Là, c'étaient les usines, les terrils, d'où un paysage noir. Le troisième, à Namur ville, c'était la Meuse, les moustiques et le brouillard sans cesse. Enfin, par bonheur, Malmedy m'offrait une nature accueillante, colorée, qui me faisait chaud au cœur. Je m'y sentais bien. Je devais donc saisir cette chance que l'on m'offrait, reconstruire ma vie dans cet environnement magnifique, et percer. J'ai alors pris mon courage à deux mains. J'ai oublié ma tristesse, ma morosité, et j'ai plongé de tout mon être dans cette nouvelle vie. J'ai d'abord sympathisé avec les sœurs, puis avec quelques filles de mon âge : Laurence, Rose… et surtout Sylvie, ma petite prune aux yeux verts. Sylvie était différente des autres. Elle s'est intéressée à moi spontanément, naturellement, sans efforts, sans que je lui demande quoi que ce soit. Elle est immédiatement devenue mon amie. Elle m'a fait découvrir l'orphelinat… les longs couloirs, les salles d'études, la chapelle, les dortoirs remplis de lits superposés, les petits endroits secrets synonymes de fumoirs pour certains, et bien sûr, le grand parc et ses arbres magnifiques. Puis, elle m'a fait rencontrer ses copines ; Virginie, Verity, Nancy… des filles géniales avec qui je me suis tout de suite bien entendue. Peu à peu, j'ai pris confiance en moi. J'ai sympathisé avec tout le monde. Les autres filles d'abord, puis les garçons. Au fil du temps, nous avons commencé à jouer ensemble, à partager nos vies. Et en quelques jours, j'avais trouvé de nouveaux frères et sœurs. Ils m'avaient tous adoptée, ou presque…

Restait encore à se forger une place dans cette petite communauté. Oh, pour ce faire, pas besoin d'aide ! Je savais comment m'y prendre : être joyeuse et participer activement à la vie de l'orphelinat. Ainsi, dès les premiers jours, je faisais un peu tout et n'importe quoi pour me faire remarquer : les jeux, les animations, les corvées, mais aussi quelques bêtises… des blagues gentillettes qui émoustillaient tout le monde sauf les sœurs, bien sûr, surtout quand elles s'en apercevaient. J'allais nager dans l'eau vaseuse des étangs. Je me déguisais en nonne le soir dans les dortoirs, ou encore je provoquais des crises de fous rires à l'église. C'était ma façon à moi de manifester ma joie à mon entourage. Oui, j'étais heureuse car tout le monde m'acceptait. J'avais réussi mon challenge… Je faisais à présent partie de la grande famille. Mais ces premiers jours dans cet orphelinat n'étaient pas seulement le reflet d'une nouvelle vie. Ils cachaient également un autre bonheur… un bonheur plus profond, plus secret, au goût de liberté, d'interdit. Et c'est là que notre histoire, chers lecteurs, commence véritablement.

Le bonheur, pour moi, se trouvait à l'extérieur (des limites), aux quatre coins de l'horizon. Ce bonheur n'était autre que la nature. Une nature intacte, sauvage, qui m'appelait, qui m'attirait. Des forêts immenses, des collines vertes, des sapins argentés, des rochers vertigineux et des rivières pleines de vie. Je ne me lassais pas de les regarder, de les contempler. Dès que je le pouvais, le soir, je montais en catimini au dernier étage de l'orphelinat. J'ouvrais la fenêtre. Je respirais l'air frais. J'admirais la vue. Je libérais mon esprit. Je découvrais des sensations jusque-là inconnues... Ces sensations nouvelles, dont je ne soupçonnais pas encore l'importance... allaient devenir ma seule raison de vivre...

Le mois de juillet est passé rapidement. J'avais déjà l'impression d'être ici depuis toujours tant je me sentais bien. Il faisait beau et chaud. La nature avait soif. Les fleurs fanaient, les arbres se desséchaient. Les feuilles devenaient jaunes, et tombaient sur le sol roussi par le Soleil. Chaque soir, les sœurs nous confiaient la charge d'arroser les plantations du parc. Cette activité se faisait seul ou en groupe. Ce rituel était devenu le moment le plus délirant de la journée car notre petite séance de travail se terminait toujours par des batailles d'eau dans la cour de récréation.

Ah, si ce n'avait été que ça ! Tous les jours, tôt dès le matin, nous enchaînions délires en tous genres et activités brillantes. Je me plaisais vraiment bien dans mon nouvel orphelinat. Outre le fait d'avoir rencontré des amis formidables, la vie était très différente de celle que j'avais connue à Namur. J'avais plus de liberté et surtout plus d'espace. Et puis, je me retrouvais aussi avec des gens plus âgés. Cela me ravissait car j'apprenais une multitude de choses... Des choses sur la vie, des choses sur l'amour. J'avais l'impression d'être entrée dans la cour des grands.

Toutefois, en dépit de tous ces plaisirs, je me sentais en manque... En manque de ce monde extérieur... L'envie de découvrir ce qu'il y avait derrière les murs de la propriété m'obsédait. Cela devenait mon seul objectif. Je sentais ce désir grandir en moi. J'avais beau me raisonner, il m'était impossible de contenir cette soif d'aventure. J'étais attirée par l'extérieur comme l'alpiniste par l'appel des montagnes. Les sœurs nous proposaient bien des activités dans le parc, mais jamais de l'autre côté des murs… Je trouvais cela dommage. Je devais absolument trouver le moyen de sortir… J'étais comme captivée, ensorcelée par le paysage que m'offrait la fenêtre du dernier étage du bâtiment. Je sentais qu'il me cachait des choses… des choses importantes que je devais découvrir. Je savais qu'il allait me dévoiler ses secrets…

Quitter l'orphelinat sans que personne ne s'en rende compte n'était pas une mince affaire. C'était un véritable défi. Il y avait deux obstacles à surmonter. Le premier, déjouer la surveillance des sœurs. Là, ce n'était pas gagné car elles ne nous laissaient pas une seconde de solitude durant la journée. Quand bien même cette étape réussie, il fallait ensuite franchir le grand mur qui entourait la propriété. Et là, vu sa hauteur imposante, c'était irréalisable. Surtout pour une petite fille comme moi. Heureusement, j'avais un plan… un plan très simple. Un plan qui ne nécessitait aucune aide matérielle…

Une de nos sœurs éducatrices, sœur Berthe, m'aimait beaucoup. Ho ! Une sainte, cette femme ! Elle veillait sur moi comme une maman poule sur son poussin. Dès le matin, dans le dortoir, elle m'aidait à faire mon lit. Durant la journée, mes corvées de nettoyage ou de jardinage ne se faisaient jamais sans elle. Et le soir, dans les couloirs, elle aimait me raconter sa vie, comme si j'étais sa confidente la plus intime. Curieuse attitude, n'est-ce pas ! Pourquoi me donnait-elle autant d'attention et de gentillesse ? Qu'avais-je donc de plus que les autres ? Plusieurs fois, je lui ai posé la question, mais je n'ai jamais obtenu de réponse. Cela est resté un mystère. « Mystère et boule de gomme », comme elle le disait si bien ! Alors, sans connaître réellement la raison de ses sentiments maternels à mon égard, je m'efforçais de tout mon cœur et à ma façon de lui rendre, en retour, tout cet amour. Je passais beaucoup de temps avec elle. Je la chouchoutais. Je lui parlais. Je me confiais à elle, et bien sûr, je ne lui cachais pas mon envie grandissante d'aller en balade à l'extérieur de l'orphelinat. Cette idée ne la laissait pas indifférente… En effet, curieusement, c'est elle qui m'a proposé de partir. Hé oui ! Au lieu de me raisonner, de m'inciter à rester sagement cloîtrée à l'orphelinat, elle m'offrait sur un plateau la possibilité de découvrir ce monde inconnu. Mais à une seule condition : elle devait m'accompagner. Ça, c'était à prévoir. Me laisser partir seule dans la nature, il ne fallait pas rêver. Et puis, comme je vous l'ai déjà expliqué plus haut, les sœurs ne nous lâchaient pas d'une semelle. Mais bon, je m'entendais tellement bien avec elle que ce n'était pas un problème. Au contraire, la joie de partager avec elle une telle aventure m'excitait. Sœur Berthe était jeune, belle et gentille : toutes les qualités requises pour ne pas refuser sa compagnie. J'avais donc franchi sans aucune difficulté la première étape. J'avais trouvé le moyen d'aller me promener au-delà des frontières de l'orphelinat avec une facilité insoupçonnée. Cela me rendait heureuse. J'allais bientôt pouvoir fouler cette nature qui me séduisait depuis des semaines. M'évader vers l'inconnu… Vivre… Vivre enfin ! Restait la deuxième étape : trouver le moyen de partir sans que personne ne soupçonne notre absence, car sortir de l'orphelinat était évidemment interdit, et sœur Berthe prenait des risques à m'emmener en balade. Heureusement, elle avait plus d'un tour dans son sac…

Et puis est venu le jour tant attendu de notre première escapade. C'était par un après-midi caniculaire. Les sœurs priaient au couvent. Les enfants jouaient dans le parc ou dans la cour de récréation. Sauf moi, évidemment. Je guettais l'arrivée de sœur Berthe devant l'oratoire à deux cents mètres de là. Nous avions convenu de cet endroit comme le point de notre rendez-vous secret. Le point de départ de notre fuite. Assez risqué comme endroit, j'en conviens, mais nous avions peu de choix. Sœur Berthe devait absolument assister à la première messe de l'après-midi avec les autres sœurs. J'ai donc attendu là une bonne heure, le cœur battant, assise sur un banc à l'ombre d'un grand sapin. Puis enfin, elle est apparue dans la lumière du soleil éblouissante. Elle sortait de la chapelle en courant. Son visage était tendu, sans expression. Son regard allait de droite à gauche, examinant les alentours avec angoisse. Elle craignait qu'une autre sœur ne remarque sa fuite.

Je me suis levée, et je l'ai rejointe, courant à mon tour sur le parvis de la chapelle. Le temps était compté. Sans m'embrasser, elle m'a pris aussitôt la main, m'a souri, et nous nous sommes enfuies dans le parc… Nous avons traversé l'allée principale, celle qui dessert les étangs, puis le terrain de foot, et nous avons atteint rapidement la forêt des moines. Là, nous avons coupé à travers bois durant plusieurs minutes pour ensuite emprunter un chemin qui m'était jusqu'alors inconnu, un sentier forestier très étroit, abandonné, mais qui ne s'effaçait pas dans la nature sauvage peuplant ce coin reculé du parc. Sœur Berthe marchait vite, sans me lâcher la main. Je lui demandais régulièrement où elle m'emmenait. Mais elle restait muette comme une carpe. Ainsi, devant son silence énigmatique, je me contentais de lui emboîter le pas et de contempler la nature. Après cette longue marche silencieuse, nous sommes enfin parvenues au grand mur qui ceinturait la propriété au fond du parc. Comment allions-nous sortir ? La surprise a été de taille…

Elle m'a fait découvrir une porte enfouie dans le sous-bois. Une sortie, un passage secret dont personne ne connaissait l'existence… Imaginez ma stupéfaction ! Il suffisait de franchir cette petite porte en bois pour se retrouver à l'extérieur. Moi qui croyais que quitter l'orphelinat relevait de l'exploit, j'allais sortir sans escalader quoi que ce soit, par une simple porte… Sur le coup, la situation m'a bien fait rire. Par contre, ensuite, j'ai très vite déchanté, car l'endroit était sinistre. Je pense qu'en temps normal, je n'aurais jamais osé mettre les pieds dans ce coin perdu au milieu de nulle part. Partout régnaient des toiles d'araignée, des ronces, des orties, des aubépines… Même quelques vieux arbres à la silhouette de fantôme poussaient sur le mur. Cela devait faire un moment déjà que plus personne n'avait franchi ce passage. D'ailleurs, pour nous le démontrer, lorsque nous avons ouvert la porte, celle-ci est tombée en morceaux sous nos yeux. L'humidité de ces longues années avait rongé le bois.

Un nuage de moustiques est soudain apparu et s'est jeté sur nous.

Prestement, nous nous sommes engouffrées par l'ouverture en espérant que le mur ne s'écroule pas sur nos têtes. Nous nous sommes retrouvées de l'autre côté, dans une sorte de verger abandonné. Des arbres, ou plutôt des touffes vertes anarchiques aux fruits mûrs étaient éparpillées dans un champ de hautes herbes… C'était un endroit sauvage et inhospitalier, comme j'en rêvais. Hé oui, nous avions réussi. Nous étions dehors ! Quel bonheur ! Ma joie était telle que je me suis mise à sauter à pieds joints en criant. Mon explosion de joie a fait rire sœur Berthe aux éclats, et elle m'a embrassée. Durant quelques secondes, nous avons savouré notre petite victoire. Puis nous avons recommencé à marcher rapidement. Il ne fallait tout de même pas trop traîner dans les environs. Imaginez si quelqu'un nous avait vues ! Cela aurait été la fin de tous mes rêves… Nous avons longé le mur de l'orphelinat jusqu'à la nationale, puis, prudemment, nous avons traversé. De l'autre côté de la route, nous avons pris un sentier qui s'enfonçait dans les bois. Nous ne pouvions pas nous égarer car il longeait la Warchenne, une petite rivière. Elle coulait silencieuse, à l'ombre des arbres. Je ne savais pas où ma compagne de route nous emmenait, mais l'instant était délicieux. Nous avons rapidement atteint la ville. Après avoir traversé la rivière sur un magnifique pont en pierre, nous nous sommes promenées dans les rues de Malmedy. La visite a été grandiose. Tellement de choses à voir en si peu de temps… En premier, nos pas se sont arrêtés à la cathédrale. Sœur Berthe mourait d'envie de me la faire découvrir, mais je n'en garde pas un bon souvenir. De grands vitraux sombres, des voûtes ornées de fresques murales, des statues froides aux regards terrifiants... J'étais mal à l'aise. J'ai préféré notre deuxième halte : la chapelle des Malades. Cette bâtisse respirait le calme et la sérénité par ses murs clairs. Entourée de quelques arbres, elle dégageait beaucoup de chaleur et de bonté humaine. J'ai adoré cette petite chapelle. Très ancienne, gardant en elle de nombreux mystères, elle devait sûrement dater du Moyen Âge. Elle se situait au bord de la Warche, une rivière qui ressemblait à la Warchenne, mais qui était beaucoup plus grosse. À l'intérieur, il faisait sombre, presque noir. Il se dégageait une fraîcheur idéale et agréable par ce temps de canicule. L'autel était situé au fond du monument, sur une petite estrade en pierre. Il était dédié à la Vierge Marie. Des dizaines de bougies l'illuminaient. Elles exhalaient une délicieuse odeur de cire. Quelques personnes priaient en silence, assises sur des bancs en bois. Les murs étaient couverts de plaques de remerciements. L'atmosphère avait le goût du parfum des miracles.

Sœur Berthe s'est avancée vers l'autel, s'est agenouillée devant la statue de la Vierge Marie, et a fait un signe de croix. Je me suis approchée à mon tour, en l'imitant. Ensuite, nous nous sommes rendues devant une petite table couverte de bougies, et nous avons allumé des cierges pour nos amis. Assises sur un banc juste à côté des cierges scintillants, nous nous sommes recueillies pendant quelques instants. Sœur Berthe regardait la Sainte Vierge d'une façon étrange. Elle marmonnait sans cesse « Priez pour nous, pauvres pêcheurs ». Comme si elle avait quelque chose à se reprocher…

Nous sommes restées ainsi, sans bouger ni parler, à méditer dans la piété une bonne dizaine de minutes. Puis nous nous sommes retirées de ce lieu saint sur la pointe des pieds, discrètement, pour ne pas déranger les autres personnes qui priaient. À l'extérieur, le Soleil brillait de tous ses feux. Nous avons continué de visiter la ville… les quais de la Warche, quelques boutiques dans le centre ville…

Sœur Berthe était rayonnante. Notre halte à la chapelle des Malades l'avait littéralement transformée. Heureuse, elle saluait tout le monde sur le trottoir. Elle riait sans cesse. Elle m'a même offert une glace dans une pâtisserie près du kiosque… Deux boules vanille, avec dessus des morceaux de fraises et du chocolat. Mon péché mignon !

Et puis, comme toute bonne chose a une fin… Nous devions refaire le chemin à l'envers… Il était 17 heures, et nous n'avions vu, ni l'une, ni l'autre, le temps passer. Les sœurs devaient nous attendre de pied ferme, et il valait mieux ne pas trop s'éterniser dans Malmedy. Nous avons donc rejoint la Warchenne à la sortie de la ville, puis nous avons regagné le passage secret et ses moustiques dans le parc. En dix minutes seulement, nous étions dans la cour de récréation. Par chance, les sœurs revenaient juste du couvent. Il était moins une ! Notre petite escapade était donc passée inaperçue. Ouf ! Appréciez le coup de maître ! Seules Noémie et Juliette, deux filles dans la botte de sœur Élisabeth, s'étaient rendu compte de mon absence. Elles m'ont demandé où j'étais passée. J'ai inventé ce qui me venait à l'esprit, que je faisais la sieste dans notre dortoir, ou je ne sais plus quel mensonge. Évidemment, elles ne croyaient pas un seul mot de mon explication rocambolesque… Oh ! De toute façon, je m'en fichais. Personne ne pouvait s'imaginer d'où je revenais. Partir, s'éloigner d'ici, se promener en dehors de l'orphelinat, c'était trop gros. Même si je leur avais dit la vérité, elles ne m'auraient certainement pas crue. Il n'y avait donc aucune raison de s'inquiéter.

Après cette petite discussion épineuse, j'ai repris mon train-train quotidien : souper chaud au réfectoire, soirée avec activité libre dans la cour de récréation ou dans la salle de jeux, puis douche à l'étage et dodo. J'avais passé un après-midi formidable. Merci encore à toi, sœur Berthe !

Notre deuxième promenade interdite s'est déroulée trois jours plus tard. Hé oui, déjà ! Nous nous étions tellement amusées la dernière fois que nous n'avions qu'une hâte : récidiver au plus vite. Nous avons profité d'un nouvel après-midi chaud pour nous enfuir hors de nos murs quotidiens. Le Soleil était radieux, et l'été prenait des airs de sécheresse. Tout le monde était occupé à l'orphelinat. Les sœurs priaient comme à leur habitude au couvent, et les enfants jouaient à l'extérieur à l'ombre des arbres, ou bien préféraient rester confinés dans la fraîcheur des vieux murs de l'Institut. Je devais donc, une nouvelle fois, faire preuve de discrétion pour partir en catimini… Je suis sortie par la porte de derrière, celle qui menait à la cour de récréation. J'ai déjoué le regard de mes amis qui m'épiaient dans le parc, puis je me suis enfuie dans la forêt. Je fonçais à travers les ronces et les fougères. Je suivais nos traces de la dernière fois… Des pas inscrits sur le tapis de feuilles et quelques branches cassées dans la végétation touffue. J'ai rejoint le petit chemin sauvage, traversé les bois sombres, et j'ai atteint plus loin la sortie secrète, notre nouveau lieu de rendez-vous avec sœur Berthe. En effet, nous avions convenu de nous retrouver ici, à l'abri des regards, car le risque était moins grand.

J'ai attendu là durant quelques minutes, puis elle est arrivée à son tour avec, sur les lèvres, un grand sourire. D'une main, elle tenait son voile bleu sur la tête pour ne pas le voir rester accroché à une branche, et de l'autre, elle portait un petit sac noir en tissu. Une bouteille d'eau dépassait de l'ouverture. Génial ! Elle avait pensé à emporter à boire pour nous désaltérer. Une bonne idée car même à l'ombre des vieux arbres, la chaleur suffocante nous assoiffait.

Elle m'a rejointe près du mur et m'a embrassée. Nous sommes restées sur place et avons examiné les alentours quelques instants pour vérifier que personne ne nous avait suivies. Après ces précautions, plus enthousiastes que la première fois, nous nous sommes engouffrées dans le petit passage ombragé…

Nous avons rejoint la route et la Warchenne. Excitée comme une puce, je marchais derrière sœur Berthe. J'avais hâte de découvrir le nouvel itinéraire qu'elle nous avait concocté. Au début, je reconnaissais chaque pas que nous faisions. Nous avons longé la Warchenne jusqu'à sa confluence avec la Warche, puis nous nous sommes arrêtées à la chapelle des Malades, histoire de nous faire pardonner notre nouvelle évasion…

Ensuite, nous avons pris une destination inconnue et pittoresque. Nous sommes montées au calvaire de

Malmedy, un petit monument panoramique situé sur les hauteurs de la ville. Je le contemplais souvent depuis l'orphelinat, mais je n'aurais pas pensé qu'un jour, j'aurais eu l'occasion de le voir de si près. Cette surprise était délicieuse.

Je me souviendrai toujours du chemin escarpé pour accéder au sommet. Tortueux, glissant, sombre dans la forêt, il s'étoffait de plusieurs petits sanctuaires religieux qui honoraient la nature. La montée était raide, très raide. Parfois, elle s'émaillait d'escaliers, et sœur Berthe avait bien du mal à marcher. Moi, par contre, je m'éclatais. Comment avais-je pu vivre jusqu'à présent sans connaître cette liberté ? Cette liberté à la fois nouvelle et interdite me procurait un tel bonheur intérieur ! Je courais entre les arbres, les rochers et les sources. Je cueillais des fleurs. Je ramassais des pierres. J'examinais les traces d'animaux sur le sol. Sœur Berthe me grondait souvent car mon insouciance faisait que je m'écartais dangereusement des sentiers battus, mais je m'en fichais. Je me sentais pousser des ailes… des ailes de liberté. Notre promenade prenait des allures plus vertes, moins citadines. J'étais heureuse comme jamais. Je découvrais enfin cette nature enchanteresse qui me fascinait depuis mon arrivée à Malmedy.

Le chemin s'arrêta plus haut au pied d'une grande croix dans la forêt. Là, nous nous sommes posées quelques minutes pour souffler un peu. Sœur Berthe a profité de cette pause pour réciter tout bas une prière. Ensuite, nous avons continué avec toujours le même entrain. Un petit sentier étroit nous a emmenées au cœur de la forêt escarpée. Nous avons dépassé une jolie chapelle dans une clairière ensoleillée, puis nous avons atteint le belvédère de Malmedy, un beau petit monument en pierre qui dominait la vallée. C'était lui, en fait, que je voyais depuis l'orphelinat. Je m'étais trompée, donc. Il n'avait rien à voir avec le calvaire de Malmedy qui lui était invisible, caché dans la forêt.

Nous avons visité le belvédère, pénétré dans cette petite gloriette perchée au-dessus de la ville, et surtout nous avons admiré le panorama. Aucun mot assez fort pour définir le spectacle de cette vue magnifique. Nos yeux ne cessaient de balayer l'horizon en scrutant chaque monument du bas… La chapelle des Malades, le kiosque, la Warche, la Warchenne, les rues bondées du centre ville et bien sûr, l'orphelinat. J'observais tour à tour, les rues, les rivières, les collines. J'enregistrais mentalement quelques points de repère. Les ponts, les chapelles, les places, les carrefours. Dans le lointain, des zones encore inconnues, plus sauvages, m'attiraient. J'étais aimantée. Je regardais tous les petits sentiers ou autres qui pourraient m'aider à les atteindre. Je préparais doucement l'avenir… J'avais déjà une petite idée de ce que seraient mes futures balades solitaires. Bien évidemment, je gardais secrètes mes pensées.

Fatiguée, sœur Berthe s'est assise sur un banc à l'abri du monument. Je me suis posée près d'elle. Nous avons sorti la bouteille d'eau du sac, et nous avons bu un grand coup. Quel délice de boire directement au goulot, chacune notre tour ! Même ce petit plaisir minuscule me procurait une sensation de liberté. À l'orphelinat, il aurait été impensable de boire ainsi.

La gorge claire, ma compagne a récité une prière. Un « Je vous salue Marie »… Son invocation préférée. Heureuse et radieuse, je l'accompagnais de vive voix. C'était une façon pour moi de la remercier de cette magnifique promenade dans la nature. Après ce petit intermède, nous avons pris le chemin forestier à l'envers pour redescendre dans la vallée. Prudemment, car le sentier était raide et périlleux. Dégringoler était plus facile dans ce sens-là… Si on voulait se faire repérer en se cassant quelque chose, il suffisait simplement de rouler jusqu'à Malmedy, c'était le moment ou jamais ! Entières et sans blessures, nous avons encore flâné un peu dans les rues de la ville. Puis, nous sommes rentrées à l'orphelinat par le chemin qui nous devenait familier.

Cette fois, cette deuxième longue absence a éveillé des soupçons. Lors de notre arrivée, mes amis m'ont harcelée de questions. Ils souhaitaient savoir où je disparaissais… Quant à sœur Berthe, elle a été convoquée sur-le-champ par la Mère supérieure. Cette dernière, peu commode, voulait absolument éclaircir l'emploi du temps de l'après-midi de mon amie.

Quel accueil ! Ces interrogatoires simultanés n'avaient pas été prévus par nos esprits. Moi, je ne me suis pas démontée… J'ai menti effrontément à mes camarades en leur baratinant que les quelques heures chaudes de l'après-midi, je les avais passées sous l'arbre du bonheur… L'arbre du bonheur, ce beau chêne centenaire qui bordait le plus grand des étangs dans le parc. Quant à sœur Berthe, elle n'a pas fait autant de fioritures… Elle a courageusement avoué notre petite excursion à sœur Élisabeth… C'était vrai qu'elle ne savait pas mentir, je l'avais oublié… C'était tout à son honneur ! Fort heureusement, cet épisode est resté sans suite. Nous avions eu très chaud !

La vie a repris son cours normal à l'orphelinat. Par contre, plus question de s'éloigner, ni de quitter ses murs… Les promenades à l'extérieur étaient à bannir. En tout cas pour sœur Berthe ! Elle ne m'a jamais raconté son entrevue avec la sœur mère, mais connaissant celle-ci, ça avait dû chauffer. Je m'en suis rendu compte les jours suivants. Les deux sœurs ne se parlaient plus, elles s'évitaient à l'orphelinat comme au couvent. Leur réconciliation ne s'est pas faite facilement. Il a fallu attendre des événements heureux, comme l'arrivée de nouvelles sœurs au monastère, ou encore la visite surprise du cardinal de Liège, pour détendre l'atmosphère. Je me sentais un peu responsable de leur brouille. Cela m'attristait. Je ne voulais plus entraîner sœur Berthe dans mes délires de liberté. Elle m'avait montré le chemin… Le chemin de l'autonomie pour sortir et découvrir l'extérieur. À présent, je devais continuer seule…

Partir en solitaire était désormais un jeu d'enfant. La fameuse porte cachée au fond du parc n'avait plus de secret pour moi. En plus, j'avais une complice de taille et haut placée dans l'orphelinat : sœur Berthe. Oui ! En dépit de sa petite mésaventure avec la sœur mère, elle était toujours dans le coup avec moi. Oh, bien sûr, elle ne partait plus. Elle ne s'aventurait plus à voler ces quelques heures de liberté. Je savais au fond de moi que cela la rendait triste… que cela allait lui manquer… Mais jamais elle ne m'en a parlé. Par contre, elle m'autorisait à filer, à franchir les frontières de la propriété quand je le voulais… Quelle attitude étrange ! Elle me laissait toute ma liberté sans faire quelque remarque que ce soit. Comme si elle sentait que j'avais besoin de la nature… que c'était vital pour moi. Elle me facilitait même la tâche par moments. Pour elle, c'était clair, je n'étais pas une petite fille comme les autres. Mais qu'est-ce que j'étais donc à ses yeux ? Et puis, je tourne en rond. Elle m'aimait bien. Voilà, tout simplement !

Sœur Berthe m'offrait la liberté, alors, je l'ai prise… Elle avait levé pour moi le voile de l'interdit, alors je suis partie régulièrement me promener en dehors de l'orphelinat. Je choisissais toujours les après-midi pour m'évader. En effet, c'était le moment propice car nous étions tous conviés à entretenir les jardins du parc : retirer les mauvaises herbes, arroser les fleurs et les plantations, tailler les arbres dans les parties les plus fréquentées. La propriété était tellement grande que les occupations journalières ne manquaient pas. Plusieurs hectares… Ainsi, chacun avait une portion à faire. La chance était de la partie… Vous ne devinerez jamais ! Qui, à votre avis, attribuait les tâches et endroits à désherber ? C'était sœur Berthe, évidemment ! Notre complicité discrète se faisait par un petit clin d'œil de ma part. Cela suffisait pour qu'elle devine… qu'elle comprenne que j'allais m'en aller sur la pointe des pieds. Alors, elle faisait en sorte de m'installer le plus loin possible de l'orphelinat. Je pouvais donc me volatiliser facilement à l'insu des autres, et rejoindre la porte secrète située dans les bois. Quel été fantastique ! Je pouvais aller et venir à ma guise, partout où je le voulais et quand je le voulais. C'était tellement excitant de disparaître sans que nul ne s'en doute, de braver les règles d'or de l'orphelinat, d'avoir mes secrets... J'aimais cette liberté interdite. J'étais sur un nuage.

Au tout début, mes fuites solitaires étaient gentilles. Je m'en allais une ou deux heures tout au plus, et surtout je restais près de l'orphelinat. Je parcourais les collines boisées, les prairies verdoyantes. Je suivais les traces laissées par les animaux. Je cueillais des fleurs, des champignons. Je découvrais aussi des endroits secrets, des repaires magiques. J'y faisais des cabanes, des huttes en bois avec les branches que je ramassais sur le sol. Mais ce que je préférais par-dessus tout, c'était me balader le long des rivières : la Warche, la Warchenne et tous leurs petits affluents. J'étais fascinée, exaltée par toute cette eau... Toute cette eau qui déferlait entre les pierres en chantant comme une douce mélodie... Elle entaillait la roche, les collines. Son éternel voyage creusait des vallées profondes au fil des millénaires. Elle dégageait une telle force, une telle énergie... Elle était les mains de la nature, des mains puissantes et douces à la fois qui façonnaient le paysage. Je me sentais minuscule à ses côtés. Parfois, je m'asseyais sur la berge, et je regardais inlassablement l'eau couler durant des heures. Je réfléchissais, faisais le point sur ma vie... Pour moi, les choses étaient claires, à l'image de cette limpidité. Je devais découvrir ces rivières, les apprivoiser. Elles étaient un chemin, un chemin inconnu vers des lieux inconnus. Bref, elles étaient mes nouveaux guides, mes nouvelles accompagnatrices pour partir encore plus loin dans la nature. Et vous l'avez deviné, mes promenades ont vite pris une autre tournure...

La première rivière, la Warche, m'intriguait beaucoup. Elle était bizarre, très changeante. Un jour, elle était grosse, démesurée. Le lendemain, par contre, elle pouvait être différente. Elle coulait alors à peine. Juste un filet. Elle changeait également de couleur… rouge, jaune, orange, verte, rose… et ce, dans un laps de temps très court. Vous avez dit rivière magique ? Hé bien, non ! C'était loin d'être féerique… J'ai vite élucidé ce mystère. Un jour, je suis partie à sa découverte. J'ai remonté son cours en empruntant les quais de la ville, puis les berges caillouteuses, et je me suis heurtée à une grande usine à la sortie de Malmedy. Je me suis approchée, et ma découverte m'a stupéfiée. J'étais en face d'une fabrique de papier. Une papeterie ! Un écriteau fixé sur le toit du bâtiment le signalait gentiment au milieu d'un incessant va-et-vient de camions. De grandes piles d'arbres morts s'amassaient dans cet univers sinistre. De hautes cheminées en pierre crachaient une fumée infecte, et plusieurs gros tuyaux déversaient des tonnes de boues colorées dans la Warche. Ce spectacle m'horrifiait. Toutes ces couleurs dans l'eau, ce n'était donc pas de la magie, mais de la pollution. Une pollution horrible ! Des ruisseaux de colorants… Comment pouvait-on laisser faire une chose pareille ? La rivière était si belle, si paisible ! La détruire comme ça gratuitement, c'était un crime ! Un crime odieux contre la nature. J'étais révoltée. Pour crier mon dégoût, j'ai ramassé une pierre dans l'eau, et je l'ai jetée de toutes mes forces dans une vitre de l'usine. Elle s'est brisée dans un vacarme épouvantable. En dépit du bruit, personne n'est sorti voir ce qui se passait. Agacée, j'en ai pris une autre, et je l'ai balancée dans une baie vitrée un peu plus loin... Toujours rien ! Dommage ! J'avais vraiment envie de dire à ces pollueurs le fond de mes pensées.

Déçue par ce fiasco, j'ai continué mon chemin le long de la rivière. À ce moment-là, je ne pensais plus à l'heure qui tournait, ni à la distance que je parcourais. Je remontais la Warche, et je m'éloignais de Malmedy. Je partais vers l'inconnu. Je voulais voir, apprivoiser cette rivière aux multiples facettes. J'espérais franchement qu'elle aille mieux en amont... Je ne regrettais pas d'avoir continué, car justement, après l'usine, j'ai retrouvé une Warche merveilleuse. Elle somnolait tranquillement dans les bois, les prairies et les marais verdoyants. Elle chevauchait de petites cascades, créait des rapides sur son cours. Elle semblait libérée, apaisée... Je prenais de nouveau plaisir à la suivre, à me balader à ses côtés. Du coup, j'ai accéléré la marche. J'ai traversé la Warche sur un grand pont. J'ai longé un petit lac artificiel, traversé un terrain de camping noir de monde, puis je suis entrée dans la forêt, une forêt à la fois immense et obscure, prisonnière de la vallée encaissée. Les arbres et les sapins s'étendaient à perte de vue, et seules quelques prairies marécageuses osaient rompre l'harmonie du paysage...

Enfin une vraie balade dans la nature intacte, me direz-vous ? Hé bien, non ! Toujours pas ! Après plusieurs heures de marche, j'ai très vite déchanté. Je suis arrivée au pied d'un immense barrage, une retenue d'eau géante... un mur en béton gris qui faisait plusieurs dizaines de mètres de haut et qui bouchait toute la vallée. Encore un crime monstrueux qui me faisait mal ! Intriguée, je me suis approchée. Je voulais voir ce monstre de plus près, voir si on pouvait le dépasser. Mais à cet instant, une vague d'eau bruyante déferla soudain dans le lit de la rivière, une onde argentée très puissante. Elle engloutissait tout sur son passage. Les pierres, les cascades, les arbustes sur la berge. J'ai vite couru dans les bois pour ne pas être emportée, et je suis montée sur un rocher qui surplombait la rivière. Là-haut, je regardais ce triste spectacle. La vague noyait mes traces fraîches dans la forêt. Elle a rapidement submergé le vallon sombre où je me trouvais, puis s'est éloignée en direction de Malmedy. Au loin, mes yeux sont tombés sur une silhouette : un homme en salopette noire ouvrait une vanne près du barrage. C'était lui le responsable de la vague d'eau. J'ai poussé un cri strident pour attirer son attention. Il s'est retourné vers moi, et m'a fixée. Son regard était amusé... Mais moi, ça ne me faisait pas rire ! Jouer comme ça avec le destin d'une rivière, c'était vraiment minable ! Déçue, je lui ai tourné le dos, et je suis partie... Il a crié plusieurs fois dans ma direction, mais j'ai fait mine de ne pas l'entendre et je ne lui ai pas répondu. Je me suis mise à courir sans m'arrêter en direction de Malmedy, sans plus me retourner...

Sur le chemin du retour, je ne cachais pas ma peine. Au fil de mes balades solitaires, la Warche était devenue un peu ma rivière. En parcourant régulièrement ses berges, je m'étais attachée à elle. Elle me fascinait, me charmait. Je l'aimais, tout simplement. Malheureusement, la main de l'homme était passée par là avant moi. Mais pas avec les mêmes intentions… Hélas, je devais m'y résoudre. Je n'avais pas le choix.

Ce jour-là, je suis rentrée très tard à l'orphelinat. J'étais triste et épuisée. J'avais crapahuté environ dix heures d'affilée dans les bois sans stopper ma marche. Je ne tenais plus debout. À mon retour, évidemment, tout le monde à l'Institut se posait des questions sur mon absence. Alors, j'ai inventé un gros mensonge pour calmer les esprits… J'ai dit que j'étais malade, et que je m'étais endormie dans le parc. Tu parles d'un mensonge… C'était la seule explication plausible que je pouvais donner après cette longue journée d'absence. Ainsi donc, on m'a crue encore une fois… La chance de pouvoir garder ma liberté secrète était toujours avec moi.

⁂

J'interromps mes écrits… Ma main me fait souffrir terriblement ! C'est normal ! Elle n'a plus l'habitude d'écrire si vite. Elle s'est soudain emballée comme une folle. Pas moyen de l'arrêter ! Elle écrivait à la vitesse de l'éclair. À la vitesse de la lumière… Comme si elle avait vu un fantôme… Mon fantôme, peut-être !

Je regarde l'horloge dans ma chambre d'hôpital… 4 h 30. Hé oui, déjà ! Le temps passe vite en votre compagnie. Cela m'a fait du bien de m'évader dans mes pensées, loin de ce quotidien… Plus près de mes souvenirs. Je ferme les yeux encore quelques instants… J'ai besoin de sentir encore les odeurs de la nature… Elles me manquent tant ! Mais la maladie me rappelle ma triste réalité. Je suis coincée dans cet hôpital, clouée dans ce lit froid et blanc.

J'émerge doucement de mes belles pensées, de mes belles escapades. Mes yeux balaient lentement la pièce. Tout autour de moi me rappelle… me rappelle que je suis seule…

Seule au milieu de cette chambre, allongée dans un lit impersonnel…

Aucune lumière, aucun son pour déranger cette solitude… sauf le bruit constant de cette maudite machine qui m'injecte divers produits dans les veines : des médicaments, des protéines, de l'eau, de la morphine aussi, pour calmer mes fréquentes migraines insoutenables. Près de mon oreiller, un petit étui en plastique renferme une télécommande. Si je désire de la compagnie, je n'ai qu'à appuyer sur le bouton. Mireille ou une de ses copines viendront.

Mais entre nous, je préfère votre présence, certes discrète, mais intime. Bouba est là, aussi. J'ai oublié de vous le présenter ! Bouba, c'est mon petit ours en peluche. Il me suit partout où je vais. Jamais il ne me quitte. Mon unique repère depuis mes différentes « maisons »… Il veille sur moi, et moi, je veille sur lui. À deux, on forme une super équipe. Il n'est pas très bavard… Normal, me direz-vous ! Mais parfois, j'ai l'impression qu'il me parle, juste à travers ses grands yeux bruns immobiles. Il aurait la parole, je suis sûre qu'il aurait plein de choses à me raconter.

Allez, la fatigue m'a enfin gagnée. Je ferme mon cahier et j'éteins la lampe… À bientôt !

⁂

7 h 30…

Misère ! Je viens de faire un horrible cauchemar. Un cauchemar mortel, plein de désespoir. J'ai peur. J'en tremble encore… Mais bon sang, comment se fait-il que personne ne soit accouru ? Normalement, j'ai dû crier dans mon sommeil. C'était tellement fort, tellement vrai ! À moins que les infirmières ne s'en fichent… Après tout, ce ne serait pas la première fois. Bon, allez, l'impuissance devant ma maladie me rend méchante. J'arrête d'être injuste. Ce n'est pas de leur faute. Seulement de la mienne… Je n'ai qu'à pas rêver.

Si je vous racontais plutôt mon cauchemar ?…

Alors voilà : je marchais dans un gouffre noir. Il faisait froid et humide. Il y avait de la boue partout. J'étais seule, tellement seule… Je pleurais à chaudes larmes. J'avais très peur… J'étais perdue, abandonnée dans un monde affreux. Pour tout vous dire, ce n'est pas la première fois que je fais ce rêve douloureux. Il me hante déjà depuis plusieurs nuits. Et c'est le même scénario à chaque fois : le noir, le froid, la mort… Une nuit, j'ai même vu des monstres, des espèces de créatures horribles qui se sont jetées sur moi alors que je tentais de m'enfuir en escaladant les parois du gouffre. Un tunnel sans fin… Voilà ce que c'est ! Mon pire cauchemar ! Et il ne me lâche pas… Il ne me laisse pas en paix… Même la nuit, je me sens poursuivie par elle… La mort ! C'est décidé ! À présent, je ne dors plus. C'est peut-être ça, la solution. Ne plus dormir, et par conséquent, ne plus rêver. Oui, je ne veux plus refaire ce vilain cauchemar… Plus jamais !

⁂

8 h 40…

J'ai eu une visite… Je viens de passer un long moment avec le médecin du service. Il m'a auscultée de la tête aux pieds avec tous ses instruments. Le front, la langue, les yeux, le cou, le ventre. Il a aussi pris ma tension artérielle, et m'a fait quelques injections dans le bras. Des piqûres bien profondes. Beuh ! Je déteste ça.

« Alors, docteur, combien de temps me reste-t-il à vivre ? » lui ai-je demandé… Tu parles ! Chaque fois que je lui pose la question, il ne me répond pas. Il garde le secret… comme si c'en était un ! Connaît-il seulement la réponse ? C'est vrai, quoi ! Après tout, ce n'est pas un surhomme. Il y a peut-être des choses qui lui échappent. N'empêche qu'aujourd'hui, il tirait une drôle de tête. Celle des mauvaises nouvelles. Sûrement un mauvais présage… Bon, allez, j'arrête de me tracasser ! De toute façon, ça ne servirait à rien. Cela ne me fera pas redevenir celle que j'étais avant d'être hospitalisée… Si on continuait plutôt notre petit voyage ? Il serait peut-être temps, non ?

⁂

Souvenez-vous ! Je revenais d'une longue promenade au bord de la Warche. Une papeterie polluante, un grand barrage sinistre… Quelle déception ! D'ailleurs, écœurée par cette excursion, les jours suivants, je ne me sauvais plus… Je restais sagement à l'orphelinat. Je faisais du jardinage. Je musardais dans le parc, et je jouais avec mes amis comme je ne l'avais pas fait depuis longtemps. Bref, j'essayais d'oublier la pollution et la cruauté des hommes… J'avais donc une petite vie tranquille à l'Institut, une vie proche de celle que souhaitaient la plupart de mes amis. Pourtant, elle aurait dû me convenir à moi aussi. N'avais-je pas été ballottée à droite, à gauche, depuis ma naissance ? Si… Mais ce quotidien sans surprise ne me convenait pas. Je déprimais, je végétais… J'avais besoin de changement, d'espace, de renouveau, de passion, d'aventure, d'activités rocambolesques. Jouer et travailler, c'était bien, mais j'en avais marre de faire toujours la même chose. Trop peu pour moi, la routine ! Heureusement, un autre cours d'eau, une nouvelle main de la nature est rapidement venue me chercher…

À côté de l'orphelinat coulait une petite rivière, la Warchenne. Elle était moins attrayante que la Warche à première vue, mais jolie tout de même. Elle me paraissait plus naturelle, moins polluée par les hommes… Elle n'avait pas d'odeur particulière, pas de brusques changements de niveau d'eau ou de couleur. Elle était toujours transparente et presque pure. Elle devenait seulement brune après un orage. Je la regardais souvent depuis la fenêtre de notre dortoir. Ses eaux vives m'apaisaient, m'exaltaient. Son chant, qui m'était devenu familier à force de l'entendre jour et nuit, faisait désormais partie de ma vie. Il m'enivrait, m'envoûtait. Et dans ces conditions, bien sûr, il m'était difficile de résister plus longtemps… en restant enfermée dans ces murs !

Je voulais découvrir cette fameuse rivière, arpenter sa vallée le plus loin possible, et essayer de lui trouver quelque chose de magique, comme la Warche, sa grande sœur. Mais pour cela, évidemment, je devais repartir… Ça tombait bien ! J'en mourais d'envie…

Les sœurs disaient qu'une ancienne voie de chemin de fer désaffectée remontait la rivière jusqu'à sa source, sur les hauts plateaux des Cantons de l'Est.

Celle-ci allait bientôt être réhabilitée par les pouvoirs publics en vue de faire circuler des trains, des convois de marchandises, mais pour l'instant, ce n'était qu'une signature sur un bout de papier. Aucun train ne circulait dans la vallée. Intéressant !

Tout ce qu'il fallait donc faire pour apprivoiser la Warchenne, c'était trouver cette fameuse voie, puis la suivre dans la nature jusqu'à son éclosion au soleil. Une mission archéologique qui m'emballait au plus haut point… Et cela n'avait pas l'air bien compliqué.

J'ai choisi un soir du début du mois d'août pour partir… Il avait plu toute la journée, et tout le monde profitait du retour du Soleil dans le parc. Les plus âgés disputaient une partie de foot près du couvent, et les autres flânaient dans la cour de récréation ou assistaient au match. J'ai profité de ce moment d'égarement collectif pour m'effacer dans la nature. Je me suis enfuie dans le parc, j'ai quitté le domaine par la porte secrète, j'ai longé le grand mur jusqu'à la route, et j'ai rejoint la Warchenne de l'autre côté. Là, un épais rideau d'arbres cachait mon infraction. Je marchais donc plus sereinement tout en reprenant mon souffle. Par contre, je me demandais par où je pourrais bien aller pour trouver la voie ferrée... Sûrement pas sur cette rive... Il y avait déjà la route, l'orphelinat et son parc qui s'étendait au-delà des collines escarpées. Non, elle devait plutôt se trouver de l'autre côté de la rivière, quelque part dans la forêt. Il fallait donc aller voir, et vite ! Ainsi, j'ai quitté le sentier qui cheminait sur la berge, et j'ai traversé le cours d'eau sans trop réfléchir. Je marchais sur les pierres émergées qui narguaient les remous. C'était assez facile car en cette saison, il n'y avait pas beaucoup d'eau dans la rivière. Quelques éclaboussures de ci, de là, c'était tout. Quel délice de se retrouver dans la nature !

La forêt débutait sur l'autre rive. Des orties, des ronces, des arbustes épineux... On reprend les mêmes, et on recommence. J'ai ramassé un bâton sur le sol boueux, et je me suis frayée un chemin, un tunnel dans la végétation. À chaque coup, une nuée d'insectes s'envolait dans les airs. Des moucherons, des moustiques, mais aussi des taons, ma bête noire... Ah, je déteste ces bestioles ! Tant qu'ils ne t'ont pas piqué, ils ne te lâchent pas. Ils te poursuivent comme des vampires jusqu'à ce qu'ils aient réussi à te faire mal et à boire ton sang. Là où je me trouvais, par exemple, il y en avait tellement que j'étais obligée de courir pour essayer de les semer, mais en vain. C'était peine perdue d'avance, à cause du sentier qui montait trop fort. Ainsi, je me faisais piquer allégrement sur tout le corps. Si j'avais su, j'aurais mis une tenue appropriée, un pantalon et un pull, par exemple. Pas une tenue aussi légère... J'étais pratiquement en maillot de bain, une proie facile pour ces bestioles ! Heureusement, mon sort s'est amélioré plus haut, en arrivant sur une sorte de replat. Là, il y en avait moins, et je pouvais enfin respirer. L'endroit était aussi plus accueillant. La forêt s'ouvrait, devenait éclatante. Un vent frais agitait les arbres et les arbustes. Je humais ce vent qui venait me chatouiller le visage. Des gouttes d'eau tombaient des feuilles encore humides, et m'arrosaient agréablement. Cette petite douche froide soulageait mes piqûres. Ces dernières enflaient sous ma peau. Elles devenaient énormes, toutes rouges. En dépit des démangeaisons violentes, j'évitais de me gratter, sinon c'était encore pire. Derrière, dans la forêt, j'entendais le bruit de la ville et le chant de la Warchenne. Je n'étais donc pas loin de l'orphelinat. Je pouvais continuer mon exploration archéologique l'esprit tranquille.

Mon chemin fortuit a commencé à descendre légèrement dans la forêt. Je marchais vite, toujours avec mon bâton dans les mains. J'en avais bien besoin pour avancer car par endroits, les orties étaient plus grandes que moi. À mesure de mon avancée, j'examinais la nature. Le coin que je traversais était sauvage et étrange, il me faisait penser à la partie la plus reculée de notre parc : de vieux arbres presque morts, des troncs tordus recouverts de mousses et des cris d'animaux bizarres. Une ambiance familière qui m'exaltait ! Dans ces conditions, bien sûr, pas question de faire du surplace. J'ai poursuivi mon chemin vers l'inconnu, et j'ai atteint plus loin un précipice... Une sorte de grande tranchée creusée au milieu de la forêt. Elle devait faire au moins une dizaine de mètres de profondeur. C'était plutôt étonnant à cet endroit !

Prudemment, je me suis approchée... Je me suis penchée au-dessus du vide, et j'ai regardé en bas. À ma grande surprise, il y avait des rails au fond, des rails tout rouillés qui reposaient sur une sorte de talus de pierre. C'était la fameuse voie de chemin de fer désaffectée dont avaient parlé les sœurs. Hourra ! Je l'avais trouvée. Emballée et heureuse d'avoir découvert ce que je cherchais, je suis descendue au fond de cette petite gorge artificielle. La pente était raide et dangereuse. J'avançais doucement, à reculons, et je m'accrochais aux arbres pour ne pas glisser. Ma réputation de casse-cou n'était plus à faire, et je prenais plaisir à lui faire honneur. Toutefois, à un moment donné, j'ai eu très chaud... Je me suis retrouvée coincée entre deux rochers, paralysée par une crise de vertige soudaine. Je n'étais pourtant pas très haut. Il me restait peut-être deux ou trois mètres à descendre. Sans doute était-ce dû à la peur de tomber, et surtout de mourir... Enfin, je n'allais quand même pas rester là toute ma vie ! Alors, retrouvant mon courage, j'ai fermé les yeux, et je me suis laissée aller dans le vide. J'ai continué à descendre, centimètre par centimètre. Je n'entendais que mon cœur qui palpitait au rythme de chaque pas accompli. Je me cramponnais courageusement aux racines et aux rochers qui dépassaient du mur. Je ne regardais pas en bas. Si sœur Berthe m'avait vue à ce moment-là, je pense qu'elle aurait regretté de m'avoir entraînée à l'extérieur...

Et enfin, je me suis retrouvée en bas. J'ai touché le sol. Quel soulagement ! J'étais sauvée. Je venais d'accomplir un exploit digne des plus grands maîtres du danger. J'ai levé les bras vers le ciel, et j'ai poussé le cri de la victoire ! Un cri de joie, une joie immense, à l'image de la peur que je venais d'avoir ! Je suis montée sur les rails, et j'ai examiné les lieux… Bof ! J'ai très vite déchanté. Il faisait sombre, froid et humide. Il régnait un silence de mort. Je me retrouvais seule au milieu de jeunes arbres qui poussaient entre les rails rouillés et les billes de bois pourries. La tranchée noire s'étirait à l'infini de chaque côté. Plutôt sinistre comme endroit ! J'avais quelques frissons.

Je ne suis pas restée longtemps sur les rails, juste le temps d'accomplir une courte mission de reconnaissance. Puis, j'ai repris le chemin des Neiges Bleues. J'ai escaladé la paroi rocheuse, celle qui m'avait occasionné tant de sueurs froides quelques minutes auparavant. Mais dans le sens de la montée, c'était moins impressionnant. J'ai ensuite retrouvé la forêt lumineuse et les taons au sommet. J'ai suivi mes traces jusqu'à la Warchenne, puis j'ai rejoint le passage secret dans le parc. Je suis arrivée à l'heure où tout le monde se préparait à aller dormir. Ni vu, ni connu ! Petite Étincelle, toujours la dernière à rejoindre son lit, comme d'hab' !

Le lendemain était pour moi un grand jour. J'allais commencer véritablement mon exploration de la Warchenne, ma nouvelle rivière préférée. Branle-bas de combat dès le petit matin ! Lever tôt, petit déjeuner copieux, discrétion en public… J'observais mes amis, les sœurs, j'attendais avec impatience le bon moment pour filer en catimini. Le temps paraissait long… J'ai dû attendre l'après-midi, que tout le monde se disperse dans la propriété. Je vous passe les détails de ma fuite. C'est du classique. Simplement, j'ai repris mon petit chemin tracé la veille dans la forêt touffue de l'autre côté de la Warchenne, et je l'ai suivi jusqu'au fossé obscur qui abritait notre mystérieuse voie ferrée. Cette fois, j'avais préparé mon excursion. J'avais eu la bonne idée d'emporter une corde avec moi, une vraie corde à grimper avec de gros nœuds placés tous les dix centimètres. Je l'avais dérobée aux garçons. Elle leur servait d'ordinaire à atteindre leur cabane secrète perchée au sommet d'un arbre situé dans le parc. Je me suis dit qu'ils en trouveraient bien une autre. En plus, ils n'y allaient pas souvent… Ils avaient passé l'âge de jouer à ce genre de jeu à présent. Par contre, moi, j'en avais vraiment besoin ce jour-là dans mon périple ! Je n'avais pas envie de me retrouver une nouvelle fois coincée entre les rochers comme la veille. J'allais l'utiliser à bon escient. Tout doucement, je me suis approchée du précipice. J'ai attaché la corde à un arbre. Je l'ai déroulée dans le vide, et j'ai ouvert une belle voie d'escalade… La Voie Doria. Je l'avais baptisée à mon nom, évidemment ! Cette Voie Doria me permettrait d'atteindre les rails dix mètres plus bas sans trop penser à la mort. J'ai tiré sur la corde pour vérifier si je l'avais bien accrochée. Parfait ! C'était du solide. Je m'y suis agrippée, et j'ai fait une descente en rappel. J'ai atteint le fond du gouffre quelques minutes plus tard. Une vraie professionnelle, j'étais fière de moi ! Enchantée de la tournure de mes aventures, je suis montée sur la voie ferrée. Là, j'ai inspecté les lieux, de nouveau. L'endroit était toujours aussi austère, à l'identique de la veille… Rien n'avait bougé… L'obscurité et la fraîcheur étaient toujours au rendez-vous. Mais en scrutant l'horizon, je vis la clarté du jour qui m'appelait.

Sans perdre une seconde, j'ai commencé à marcher sur la voie de chemin de fer. Mon guide était devant : j'avançais en direction du Soleil qui perçait à travers les branches d'arbres. Le parcours était droit, rectiligne. Il montait légèrement. C'était un faux plat, comme on dit. Normal, il remontait la vallée. Je marchais entre les rails métalliques, j'esquivais quelques arbres et arbustes épineux qui poussaient çà et là sur la voie. Je sautillais sur les billes de bois. J'avais l'impression de gravir une échelle, une échelle qui s'étirait à l'infini devant moi. Celle-ci a progressivement quitté le noir de l'abîme forestier pour aller s'épanouir fièrement au-dessus d'un haut talus de pierre qui dominait les prairies luxuriantes de la Haute Ardenne. Là, j'ai poussé un grand soupir de soulagement et de joie. Non, je ne m'étais pas trompée ! La Warchenne valait la peine de cette escapade difficile. C'était vraiment une rivière magnifique, un ruban magique. Elle coulait entre le ciel bleu et les forêts infinies. Elle dessinait une multitude de petits méandres argentés qui reflétaient la lumière du soleil. Le spectacle était enchanteur. C'était beau ! J'étais ébahie devant une telle vision. Je ne pouvais détacher mes yeux de cette rivière étincelante. Être là toute seule au milieu de ce paysage fantastique, j'en avais rêvé toute ma vie. J'avais enfin trouvé un petit coin de paradis rien qu'à moi, un jardin secret, mon jardin secret. À présent, il me restait l'essentiel : l'explorer. Mais attention, l'explorer intelligemment. Pas le découvrir comme ça, vite fait. Non ! Cela aurait été dommage. La Warchenne méritait que je la découvre petit à petit. Je voulais savourer chaque seconde avec elle comme on déguste un mets raffiné. Je voulais prendre mon temps. Je me devais de la parcourir en douceur, étape par étape, pour ne rien rater. Ainsi, j'ai rebroussé chemin pour mieux revenir le lendemain et les jours suivants. Pendant une semaine, donc, j'avais droit à mon lot quotidien de petites promenades sur les rails au bord de la Warchenne. Des moments intenses et inoubliables ! Je marchais un ou deux kilomètres dans la nature, puis je rentrais tranquillement à l'orphelinat comme à mon habitude. Faisant mine d'être restée sur place tout l'après-midi, je retrouvais alors mes amis dispersés dans la propriété. Je m'amusais avec eux dans le parc, dans la cour de récréation ou le soir dans notre dortoir tout en décantant les magnifiques images de la nature que j'avais emmagasinées la journée. Mon secret me remplissait d'un bonheur infini.

Au fil des jours, je m'aventurais de plus en plus loin dans mes promenades solitaires... Progressivement, le paysage devenait plus sauvage, plus attrayant. La vallée large et lumineuse du début, dans les prairies, s'est resserrée petit à petit, et est entrée dans la forêt, dévoilant alors une dimension plus sombre et sauvage. La voie ferrée longeait toujours la Warchenne du haut de son remblai pierreux. Elle traversait régulièrement la rivière sur des ponts, de grands ponts en pierre, en forme d'arche, avec des barrières métalliques de chaque côté. Ces constructions faites par la main de l'homme étaient cette fois utiles et agréables. Elles offraient une vue imprenable sur les eaux vives et les cascades de la rivière. Un pur régal pour les yeux. En contrebas, un chemin pédestre remontait la rive gauche. J'ai hésité plusieurs fois à le prendre car marcher sur les rails, à la longue, me fatiguait. Mais de là-haut, la vue était si belle que finalement je n'ai pu me résoudre à les quitter. De temps en temps, je croisais des personnes sur mon chemin. Des promeneurs, des gens du coin ou des touristes. Beaucoup s'étonnaient de me voir là toute seule dans la forêt. Ils me croyaient perdue… ou peut-être abandonnée ?…

« Où sont tes parents ? » me demandaient-ils inquiets, tout en continuant leur balade. Ah, je vous jure ! On me prenait vraiment pour une petite fille paumée, perdue au milieu de nulle part. Il était pourtant impossible de se perdre en suivant les rails. Soit tu avançais, soit tu revenais. Point ! Ce n'était pas compliqué ! Même une fillette de trois ans aurait pu remonter la Warchenne toute seule. Enfin, ça faisait partie du folklore ! À la fin, ces questions m'amusaient.

Régulièrement, je m'arrêtais sur les ponts qui enjambaient la rivière. Je faisais une petite pause, une halte nature. Je regardais les eaux trébuchantes, les berges arborées, les canards nageant entre les pierres et les oiseaux venant s'abreuver. Mes yeux les filmaient, et ma mémoire les enregistrait pour l'éternité. Je ne voulais pas perdre une miette de tout ce que je découvrais lors de mes belles promenades.

Lorsque je trouvais l'endroit sympa et unique, il m'arrivait de descendre sur la berge pour me baigner dans la rivière. C'étaient mes moments préférés. L'eau caressait mon corps et m'enveloppait de ses bras. Je me laissais aller. Je nageais au milieu des remous…

J'explorais les fonds immergés, et essayais de déchiffrer leurs secrets.

Ainsi, un jour, en me baignant dans la Warchenne, j'ai trouvé une pépite d'or dans l'eau. Attention, soyez attentifs ! C'est un chapitre important de notre histoire. J'étais quelque part dans la forêt, dans un endroit sauvage et reculé. Je partais à la conquête d'une petite île perdue au milieu de la rivière, une île verte avec des arbres, des hautes herbes et même une jolie plage de cailloux. Je marchais pieds nus dans la rivière. En cheminant entre les pierres, j'ai aperçu, par hasard, cette petite perle dorée qui luisait au fond de l'eau sur une couche de limon. Intriguée, je l'ai attrapée et je l'ai enfermée dans mes mains, de peur de la laisser s'échapper au fond de l'eau. Je l'ai examinée à la lumière du jour. Elle était toute ronde. Elle brillait au soleil. Elle était minuscule, mais qu'est-ce qu'elle était belle ! Je n'en croyais pas mes yeux. Découvrir comme ça, sans chercher, une pépite d'or rien qu'en pataugeant dans la rivière, c'était vraiment une chance inouïe ! Enchantée par ma trouvaille, j'ai immédiatement fait demi-tour, et je l'ai ramenée avec moi à l'orphelinat. Je suis montée discrètement dans notre dortoir, et je l'ai cachée sans plus attendre dans mes effets personnels, sous mon lit. Je n'en ai parlé à personne. C'était un secret. Le trophée de toutes mes promenades… J'y tenais comme à la prunelle de mes yeux.

À présent, j'ai toujours cette petite perle… Elle est ici avec moi à l'hôpital. Elle est dissimulée dans une poche au fond de mon sac. Je l'ai gardée précieusement toutes ces années. Avec le temps, elle est devenue mon gri-gri, mon porte-bonheur…

Cette découverte étrange et originale m'a brusquement stimulée, ce jour-là. Elle m'avait donné l'envie d'aller plus loin, encore plus loin, d'avancer d'un grand pas dans mon exploration de la Warchenne. Je désirais savoir si elle cachait d'autres trésors dans ses eaux bouillonnantes, des trésors uniques, des indices… voire peut-être quelque chose de plus grand, comme la Lumière ?

À force d'y penser, je ne tenais plus en place. Un jour, j'ai décidé de partir tout un après-midi à sa découverte. J'ai attendu une belle journée estivale. C'était un dimanche, je crois. Laissez-moi réfléchir… Oui, le matin, je me souviens, nous avions été à la messe. Je m'étais même endormie sur ma chaise pendant l'Évangile. À midi, nous avions mangé tous ensemble au réfectoire, puis j'étais partie tout de suite après… Hâtivement, car ce jour-là, j'avais senti que l'on me suivait en cachette. Oui, j'avais l'ouïe fine. J'entendais des voix chuchoter derrière moi, des voix familières… À votre avis, qui ça pouvait être ? Éric et ses amis, bien sûr ! Entre nous, ça ne m'étonnait pas d'eux. Depuis quelque temps, ils me harcelaient sur mes soi-disant occupations solitaires dans le parc tous les après-midi. Ils se doutaient que j'avais un secret. Ils voulaient en savoir plus, vérifier ce que je faisais réellement. C'étaient les « chefs » de l'orphelinat. Ils devaient tout savoir, tout contrôler. Mais je n'étais pas prête à leur dévoiler mes voyages clandestins ! Imaginez s'ils avaient découvert mes escapades, mes promenades interdites à des lieues de là ! Tout se serait arrêté pour moi, sans parler de la punition que les sœurs m'auraient infligée. Non, je ne devais prendre aucun risque. Rien, ni personne ne devait savoir ! Je voulais rester libre. Je devais les semer, m'en détacher au plus vite. J'ai eu alors l'idée de leur tendre un piège… J'ai fait mine de cheminer tranquillement dans le parc pendant quelques minutes, puis je me suis sauvée à travers bois vers les anciennes clairières, où les moines faisaient jadis des cultures maraîchères. Là, c'était le paradis des aubépines… Des murs de ronces infranchissables, sauf pour les personnes de petite taille comme moi qui savaient se faufiler en dessous. Ils m'ont pourchassée jusque-là en courant. Et là, je ne vous raconte pas ! Eux, vêtus uniquement d'un short et d'un tee-shirt, je les ai entendus hurler de douleur. Ils venaient de se frotter joyeusement aux aubépines. Moi, par contre, blottie derrière un arbre, j'ai éclaté de rire, puis je me suis enfuie sans perdre une minute de plus. J'ai continué mon chemin dans la forêt pour rejoindre la porte secrète en courant. J'ai longé le mur dans les hautes herbes du verger, puis j'ai retrouvé la Warchenne de l'autre côté de la route. Enfin, j'ai stoppé ma course un instant à l'abri des arbres pour me donner le droit de reprendre mon souffle. J'imaginais Éric et sa bande dans le parc, encore à ma recherche. Mais ils pouvaient continuer à tourner un long moment inutilement, car j'étais déjà loin. Désolée, les amis ! Je vous aime bien, mais ce jour-là, je ne pouvais pas vous emmener…

Ravigotée, j'ai traversé la rivière, pris le chemin familier dans les bois, et j'ai atteint la fameuse voie ferrée dix minutes plus tard. Là, j'ai commencé à accélérer le pas pour rattraper mon retard car la journée était déjà bien avancée. Je n'avais aucun indice pour connaître le laps de temps qu'il me fallait pour atteindre la source de la Warchenne. Et j'espérais être de retour avant la nuit… J'ai d'abord sillonné les grandes prairies qui bordaient la rivière. Tiens ! Ce jour-là, il y avait des chevaux, de grands étalons noirs qui, curieux, levaient la tête à mon passage. C'était la première fois que je les voyais. Ravie, je me suis arrêtée pour les saluer, les caresser. J'ai dévalé le talus du chemin de fer, bravé quelques ronces brûlées par le Soleil et j'ai franchi les clôtures électriques pour pénétrer dans la prairie. Là, mes nouveaux amis, les chevaux, sont venus près de moi pour me renifler. Je les ai caressés, leur ai parlé un peu et j'ai profité quelques minutes de leur présence rassurante. Ensuite, pressée par le temps, je les ai quittés. J'ai continué ma route vers les hauts plateaux de l'Ardenne, sur les traces de la Warchenne. J'ai repris mes pas sur les rails, j'ai traversé les prairies, et j'ai abordé la forêt. Un pont, puis deux… Les arches en pierre se succédaient sur mon chemin. La rivière passait fièrement en dessous, en dévoilant chaque fois un nouveau visage. Tantôt, elle dessinait un beau méandre aux eaux calmes. Tantôt, elle s'évanouissait dans des rapides au chant clair. Puis plus loin, je suis passée devant mon lieu magique, mon endroit porte-bonheur, vous savez, celui où j'avais trouvé la pépite. Des scouts avaient planté leur camp et faisaient un feu de bois. Je les ai salués de loin. Ils m'ont répondu de manière furtive. Je les dérangeais, visiblement. Peut-être qu'ils cherchaient de l'or !

Après l'île déserte et ses filons d'or, mon chemin est entré dans l'inconnu. Ça y était ! J'allais au-devant de ce que je préférais : la découverte de l'inexploré… La voie ferrée, qui longeait toujours la Warchenne, s'enfonçait dans la forêt, mais en devinant les rangées d'arbres rectilignes de cette dernière, je la sentais beaucoup plus civilisée, beaucoup plus travaillée. Il y avait des sentiers pédestres un peu partout, des bacs à nourriture pour les animaux, des traces de roues de VTT sur le sol boueux, et la végétation du sous-bois était bien entretenue. Tout était cultivé. De petits barrages créés par l'homme ornaient le fil de l'eau, des tas de pierres harmonieux qui cassaient le rythme, l'énergie de la rivière. Ils retenaient aussi quelques déchets… des morceaux de bois, des balles de tennis et même des bouteilles en plastique. Aïe ! La Warchenne commençait à me montrer ce que je redoutais tant… son côté obscur…

Plus loin, j'ai atteint un joli village de vacances. Il occupait la rive droite de la rivière, dans un vallon encaissé. Des dizaines de petits chalets en bois étaient alignés les uns à côté des autres le long d'une route. C'était mignon, on aurait dit un chapelet de *Petites Maisons dans la prairie*. Se tenaient également un restaurant, une piscine en plein air et un terrain de jeux. À côté de moi, des ruisseaux dévalaient la forêt. Ils passaient sous la voie ferrée, et ressortaient à l'air libre au milieu des chalets. Les constructions étaient bien intégrées dans le paysage, rien ne venait détériorer la vue. La nature ennoblissait le village. Le village ennoblissait la nature. Tout était à sa place. C'était beau ! Personnellement, j'aurais bien aimé passer des vacances dans ce petit coin de paradis.

Après quelques secondes d'égarement dans mes rêves de vacances, j'ai repris mon voyage vers l'inconnu. Les rails laissaient derrière eux le village touristique et ses attractions, et retrouvaient peu à peu la nature reculée. La vallée s'ouvrait devant moi, comme pour m'accueillir. La forêt dense faisait place à une végétation plus clairsemée, de petits bois isolés alternaient avec des prairies laissées à l'abandon. La rivière coulait au milieu de marécages luxuriants. Son cours était parsemé de rochers, de branches d'arbres et d'algues vertes. Elle était plus belle, plus sauvage. Mais ce n'était qu'une brève illusion, un mirage… car au loin… Mes yeux ont vu ce qu'ils ne voulaient plus jamais voir…

Une grande carrière est soudain apparue, un mur de roche vertical de plus de cent mètres de haut. Elle dévorait le paysage. Elle mangeait complètement toute la colline boisée. Oh, que c'était laid ! Cela me rappelait la Warche et son grand barrage. Une activité humaine qui dénaturait toute la vallée. Enfin, ici, ce n'était seulement qu'une carrière, un endroit où l'on exploitait la roche pour en faire des matériaux de construction. Rien de grave, donc ! Ma rivière était toujours aussi angélique. Elle coulait paisiblement à côté de moi, peut-être sur un lit de pépites d'or, pourquoi pas ?

Je marchais sur les rails, enthousiaste, et j'essayais de ne pas regarder le chantier gigantesque qui grandissait au fur et à mesure de mon avancée. Je faisais confiance à ma rivière enchantée, à cette vallée sauvage loin du tumulte des hommes. Je voulais y croire jusqu'au bout, jusqu'à sa source. Mais ma gaieté s'est envolée plus loin, en arrivant dans la carrière. Toutes sortes de déchets lorgnaient la voie ferrée. Des machines et des véhicules abandonnés, des tas de planches pourries, des pneus usés à profusion… Au pied de la colline, des monticules énormes de sable recouvraient toute la forêt. Dessus, de jeunes arbres, des pionniers rebelles, tentaient de reconquérir ce lieu dévasté, mais avec peine. Mes rêves s'évanouissaient à chacun de mes pas dans cet endroit qui commençait à devenir sordide. J'étais déçue, mais je continuais malgré tout. Je souhaitais encore y croire. Au fond de moi, j'espérais… Je voulais me persuader que tout n'était qu'illusoire. Peut-être que ce champ de bataille entre la nature et l'homme n'était que provisoire ? Hélas, mes yeux ne me trahissaient pas…

Le pire est venu ensuite, lorsque je suis arrivée au cœur d'une grande décharge publique. Tout s'est écroulé dans mon cœur, et cela a été la fin de mes rêves… Des sacs poubelle, des appareils électroménagers, des carcasses de voitures… J'avais devant moi une montagne d'ordures gigantesque qui engloutissait toute la vallée, qui anéantissait ce coin de paradis.

La décharge était en pleine activité. Dans un fracas sourd, des camions poubelles vidaient leurs bennes à ordures au sommet. Les déchets dévalaient dans un bruit assourdissant, en bas, près de la voie ferrée où je me trouvais. Je restais sagement à distance, je n'osais pas m'approcher. Le spectacle était désastreux. L'air était irrespirable ; l'odeur, pestilentielle. Des personnes en combinaison spéciale sillonnaient le dôme d'ordures, et allumaient des feux par endroits. Comme si cela allait arranger les choses. Tu parles ! La fumée noire voilait le Soleil, et empoisonnait encore un peu plus l'atmosphère. Elle tourbillonnait et emprisonnait les arbres, la faune, la flore… Horrifiée, les larmes aux yeux, j'ai détourné le visage, et j'ai essayé de regarder ailleurs… J'ai fixé la Warchenne qui coulait comme si de rien n'était à côté de moi. Un bien triste portrait, cependant… Elle se frayait désespérément un chemin parmi les détritus et les arbres morts. Sa couleur changeait au contact des déchets. Elle déteignait… Des coulées orange nauséabondes provenaient de la décharge, et se jetaient directement dans l'eau claire. C'était écœurant ! Choquée, je n'ai pu contenir mes larmes plus longtemps et je me suis mise à pleurer. Je n'en pouvais plus. J'avais mal et je ne pouvais rien faire. J'étais impuissante devant ce désastre. La seule chose que je devais faire, c'était quitter cet endroit le plus rapidement possible… Détaler, fuir… C'était trop dur.

J'ai alors fait demi-tour, et je suis rentrée à l'orphelinat en courant… J'ai refait le chemin à l'envers à toute vitesse… J'ai parcouru le village avec les chalets, la forêt encaissée et ses mystères, les prairies avec les chevaux, mais même la beauté du paysage retrouvée ne me consolait pas. Mon regard ne quittait pas l'obscure voie ferrée qui cheminait sur son lit de pierre.

Je suis rentrée à l'Institut le soir, dans un état lamentable. Des larmes coulaient inlassablement sur mon visage. Mon chagrin était tellement grand que j'ai tout de suite rejoint mon lit dans le dortoir. J'étais malheureuse, et rien ni personne ne pouvait me consoler… Ce jour-là, mes rêves s'étaient envolés… Toute la magie de la Warchenne avait disparu à cause d'une décharge publique, elle s'était effacée dans les mêmes circonstances que celle de la Warche. Comment était-ce possible ? Mes deux rivières préférées anéanties par l'homme et notre société. J'étais révoltée. Honte à eux ! Honte à moi ! Car nous étions tous responsables de ce carnage.

Vite, je vous laisse. L'infirmière entre…

⁂

16 h 30…

Sœur Berthe est venue me rendre visite cet après-midi. Je ne lui ai pas laissé le loisir de m'approcher, ni de m'embrasser… Je sais, je pourrais faire un effort, mais aujourd'hui, je n'avais envie de voir personne. Je lui ai dit de s'en aller, de me laisser tranquille. Je sais que je lui ai fait de la peine, mais c'est plus fort que moi. Calmement, sans insister, elle a alors déposé une bible sur ma table de nuit. En partant, elle m'a conseillé de la lire pour m'imprégner de la parole du Christ. Mais je connais déjà la parole sainte… Et puis, entre nous, je préfère passer le temps qu'il me reste à vivre avec vous, à vous écrire, à voyager avec vous sur le chemin de ma courte vie, j'adore vous narrer tous mes secrets.

On continue ?

⁂

Après le triste épisode de ma découverte de la décharge publique le long de la Warchenne, j'ai fait une petite dépression. Je restais à l'orphelinat. Je ne faisais plus rien, je n'avais envie de rien et je passais tous mes après-midi seule à errer dans le parc. Je faisais le point sur mes dernières déceptions dans la nature. Je ne cessais de penser aux deux rivières qui m'avaient fait rêver et qui, au fil de mes escapades, étaient devenues des cauchemars par la faute de l'homme… Mes deux belles rivières assassinées, détruites… J'avais du mal à encaisser la réalité. Mais je devais réagir… Je n'allais quand même pas pleurer toute ma vie sur le sort de ces deux petites rivières. Je ne pouvais pas prendre sur mes épaules tous les malheurs du monde… Alors, je me suis ressaisie et me suis lancée dans une « auto-psychothérapie »… Oui, vous avez bien entendu ! Une auto-psychothérapie dans le but de purifier mon cerveau. Le principe était simple : je devais trier les souvenirs de ma mémoire. Garder le meilleur, et effacer le reste… J'essayais d'oublier les mauvais moments (la papeterie, le grand barrage, la montagne d'ordures), et je ne repensais qu'aux bons (l'eau vive, les forêts sauvages et les prairies luxuriantes). Et finalement, je suis arrivée à cette conclusion : la Warche, je ne l'avais vue qu'en me promenant sur les quais de la ville. La Warchenne, elle, j'avais bien remonté son cours, mais seulement jusqu'au petit village de vacances. Quant au reste, c'était le trou noir… le trou noir prémédité.

Je repensais aussi à la magnifique pépite d'or que j'avais trouvée dans la Warchenne. En fermant les yeux, je la voyais encore luire dans les eaux transparentes et glacées. Que faisait donc ce joyau dans une rivière à l'âme violée ? Était-ce pour moi une piste, une lueur d'espoir au milieu du gouffre ? Et puis, cette voie ferrée qui longeait la rivière ! Elle n'était peut-être pas là par hasard ? On aurait dit qu'elle avait été tracée juste pour moi, pour que je découvre cet indice, ce symbole. Et si je remontais encore plus loin dans mes souvenirs… Pourquoi sœur Berthe m'avait-elle montré la porte de sortie, le moyen de m'échapper de l'orphelinat ? Pourquoi couvrait-elle à chaque fois toutes mes fuites ?

Non, tout ça ne pouvait pas être qu'une simple coïncidence. C'était un signe, un signe qui m'indiquait que j'étais sur le bon chemin. Je devais donc poursuivre ma recherche. Aller plus loin… explorer la nature, atteindre son cœur, sa magie. Elle avait tant de choses à me raconter, à me dévoiler, à me confier. Elle détenait aussi peut-être la clé, la réponse à toutes mes questions, des indices sur ma quête de la Lumière. Oui, je devais continuer… Continuer pour trouver…

⁂

Le mois d'août touchait à sa fin. Le vent du nord balayait les premières feuilles dans les bois, et les pluies grossissaient les rivières. Il faisait froid pour la saison. On s'habillait déjà comme en plein hiver : pulls à col roulé et jeans… Adieu shorts et maillots ! Avec ce temps d'automne précoce, tout le monde se préparait gentiment à la rentrée scolaire. Les sœurs nous avaient acheté toute une panoplie de matériel d'écolier : plumiers, stylos, crayons, marqueurs, cahiers, classeurs, gommes, ciseaux, colle, etc. Chacun rangeait et agençait son cartable à sa guise dans la salle d'études. Alors que beaucoup d'entre nous avaient le sourire aux lèvres, moi, je déclinais, car l'école signifiait pour moi la fin de toutes mes promenades dans la nature. La fin de ma liberté. En effet, je ne m'imaginais pas partir en plein milieu de la classe ou encore dans la cour de récréation devant tout le monde. Oh, bien sûr, je pouvais toujours sécher les cours, mais vu notre jeune âge à ce moment-là, personne, pas même Éric, n'y avait encore songé. Bref, l'avenir n'était pas folichon pour moi. Heureusement, les vacances ne touchaient pas encore à leur fin. Il restait encore quelques jours. Quelques jours de soleil pour réaliser un rêve fou, celui de partir plus loin encore, très loin, de faire une grande promenade. Une excursion, une vraie de vraie… Celle qui devait m'emmener au septième ciel. Où ? Quand ? Comment ? Cette suprême sortie devait obéir à d'autres ambitions. Ne rien planifier. Oublier les règles, juste suivre mon instinct et dompter l'inconnu. Bref, me laisser aller là où mon cœur me guiderait…

J'ai attendu l'aube d'une belle nuit étoilée pour partir. Allongée dans le dortoir parmi les autres, j'attendais, blottie bien au chaud dans mes couvertures, le moment propice. Les yeux grands ouverts, je faisais semblant de dormir. Je guettais les premières lueurs du jour à travers les rideaux. Autour de moi, mes amis dormaient profondément. Je les écoutais ronfler, mâchouiller, soupirer. Des fois, ils parlaient aussi… Ils prononçaient des choses incohérentes. Des bribes de phrases, des mots, des expressions. Ils rêvaient, simplement ! Ils étaient ailleurs, tout comme moi.

Le Soleil s'est levé doucement et soudain, est apparu à travers les tentures. J'ai laissé mes yeux silencieux scruter l'environnement autour de moi. Tous dormaient encore. Je me suis assise sur mon lit et j'ai souri, en m'étirant comme un chaton. Une nouvelle aventure commençait pour moi, une nouvelle promenade audacieuse qui allait encore repousser les limites ! Je me suis levée, heureuse de ce qui m'attendait. À pas de velours, je me suis dirigée discrètement vers mon étagère au fond du dortoir. J'ai enfilé à la hâte un jean, un tee-shirt, un pull chaud, mes petites baskets. Sur la pointe des pieds, toujours sans bruit, j'ai rejoint la porte de sortie. Chaque pas entre les lits était calculé pour ne réveiller personne. Le plancher craquait sous mes pieds. Mon cœur s'emballait à chaque excès de décibels. À l'entrée du dortoir, dormait sœur Ursule. C'était notre surveillante pour cette nuit-là. Hésitante, je me suis immobilisée un instant devant sa couchette. Aucun mouvement de sa part ne montrait qu'elle avait entendu du bruit. Alors, bravement, j'ai poussé la porte entrouverte avec succès. J'ai simulé quelques pas en direction des toilettes, au cas où quelqu'un m'aurait entendue filer. Puis, j'ai fait le mur… Oui, je sais, pas terrible comme évasion, mais je n'avais pas d'autre solution : les portes de l'orphelinat étaient toujours fermées à double tour durant la nuit. Je suis donc sortie par l'une des grandes fenêtres du couloir pour me lancer dans une nouvelle descente en rappel sans corde… Ma petite taille et mon poids très léger me permettaient cette méthode d'échappée. J'agrippais mes mains à une gouttière, et reposais mes pieds sur les appuis de fenêtres. En dessous de moi, le vide me tendait les bras. Mais chose étrange, je n'avais pas le vertige ce jour-là. Peut-être que j'étais habituée à présent… Les deux étages qui me séparaient du sol, je les ai passés avec facilité. J'ai atterri dans le parterre de fleurs qui ornait le pourtour de l'orphelinat au pied du mur, et là, j'ai crié victoire... Crier est un grand mot, puisque je devais rester silencieuse ! J'étais fière de moi. L'étape la plus difficile venait d'aboutir. Ravie, j'ai couru vers le portail du domaine. Pour une fois que je pouvais me permettre de sortir par la grande porte, je n'allais pas me gêner ! Mais manque de chance, ce jour-là, celui-ci était fermé. Une grille en fer forgé noire barrait mon chemin vers la liberté. Que faire donc ? Je n'avais pas vraiment envie de rejoindre le passage secret situé à l'autre bout de la propriété. Il faisait encore sombre et l'endroit était sinistre. Non, il fallait que je trouve une autre solution, et une solution urgente, car les sœurs se levaient de bonne heure pour la prière au couvent. Mes yeux ont rapidement examiné les lieux : l'allée pavée qui rejoignait l'entrée de l'orphelinat, le mur qui encerclait la propriété, les grands sapins qui abritaient des bancs en bois... Soudain, mon regard en alerte a fixé un arbre à côté de moi : un jeune hêtre dont les branches élancées touchaient le mur en divers endroits. C'était la solution ! Ni une, ni deux, sans plus réfléchir, je me suis précipitée sur lui. J'ai grimpé à l'arbre, branche par branche. Celles-ci pliaient sous mon poids mais ne cédaient pas. J'ai atteint le sommet du mur facilement, et je suis parvenue à l'extérieur en exécutant un nouveau numéro d'acrobatie. Je me suis retrouvée au bord de la route, sur le trottoir. Cette fois, j'étais vraiment dehors. J'avais réussi. Hourra !

Cette petite victoire m'avait mise de très bonne humeur. C'est dans cet état joyeux que j'ai commencé à courir… J'ai traversé la route déserte à cette heure matinale et j'ai rejoint la Warchenne derrière son rideau d'arbres. J'ai longé la rivière jusqu'à son embouchure dans la Warche, et je me suis arrêtée quelques instants devant mon endroit préféré dans Malmedy : la chapelle des Malades. Debout face au petit monument, j'ai levé la tête en direction du ciel. D'un côté, se dessinait un plafond sombre encore étoilé. De l'autre, le Soleil commençait à pointer au-dessus des collines boisées. La lumière… Elle m'a aussitôt attirée comme un aimant. Je me suis donc envolée vers la voie de la clarté. Elle remontait la Warche, la rivière folle… Un chemin déjà parcouru, donc sans surprise, mais là, je suivais les aurores, et non le cours d'eau. Je marchais vite, très vite. J'étais pressée de quitter la ville et le monde civilisé. Je désirais me retrouver avec moi-même à la recherche de l'inconnu. J'ai dépassé la fameuse papeterie sans lui jeter un quelconque regard. Je faisais semblant de ne pas la voir. J'ai traversé le camping, les prairies, pour enfin pénétrer dans la forêt. Et là, devinez ? J'ai découvert un endroit fantastique…

Mon chemin au bord de la Warche sillonnait un grand bois de sapins. Les premiers rayons de soleil jouaient à cache-cache avec les bouquets de branches, et dessinaient de multiples petites taches jaunes sur le sol épineux. Le spectacle était de toute beauté. Il faisait sombre et lumineux à la fois. J'avais l'impression de marcher sur un tapis d'étoiles croustillant.

À mes côtés, une petite rivière jaillissait au milieu des résineux. Une rivière innocente, modeste et mélancolique… Elle déferlait bruyamment, repliée dans un lit de pierres. L'eau n'avait pas sa couleur limpide.

Elle était bizarrement orange… Orange foncé, brune, rouge… Difficile à décrire tant c'était surréaliste ! Ce ruisseau provenait d'une vallée boisée très encaissée qui débouchait sur ma gauche, et il se jetait dans la Warche à quelques mètres de moi. Je connaissais cette rivière pour l'avoir déjà rencontrée lors de ma première promenade en solitaire, un mois plus tôt. Mais je l'avais volontairement évitée. Pas parce que je la trouvais insignifiante, mais en raison de sa couleur étrange. Je soupçonnais en effet qu'elle ne soit, elle aussi, polluée par une papeterie. J'avais donc continué, sans m'attarder, mon chemin le long de la Warche jusqu'au barrage. Mais cette fois, il était hors de question de passer à côté. Quelque chose d'impalpable me disait qu'elle était différente… que je devais la suivre. Rivière secrète, inconnue, indomptable, aux eaux mystérieuses… S'il te plaît, laisse-moi t'apprivoiser ! Captivée et charmée, je me suis assise sur la berge. J'ai trempé mes mains dans l'eau, et je les ai portées à mon visage pour me rafraîchir. Curieuse, j'ai avalé quelques gorgées colorées. Et là, surprise… Bonne surprise ! Son goût n'était autre que celui du fer, de la rouille. Ainsi donc, elle n'était pas polluée. Sa couleur orange était seulement due au fer qui venait probablement des roches qu'elle traversait en amont. Quel merveilleux épilogue ! J'ai immédiatement abandonné la Warche qui dormait dans son lit d'eau calme pour suivre, sans hésitation, ce beau petit torrent sauvage. Sans le savoir encore, je m'en allais sur le chemin du paradis…

Ce ruisseau a guidé mes pas dans une forêt de sapins aux mille couleurs. Je marchais sur la berge caillouteuse. Fascinée par le spectacle de la nature, je me rinçais les yeux à mesure de mon avancée… Je ne cessais d'admirer l'épais duvet d'épines qui se reflétait au soleil, le ciel bleu éclatant qui perçait à travers les branches ainsi que les cascades argentées qui parsemaient le lit pierreux de la rivière. C'était tellement beau ! Tellement grand ! Je ne savais plus où tourner la tête. Autour de moi, tout était magnifique.

Plus loin, je suis passée sous un grand pont en pierre qui franchissait le cours d'eau au milieu des sapins. Il ressemblait à l'un de ceux que j'avais vus le long de la Warchenne, sauf que là, les barrières étaient fabriquées en pierre. Dessus, passait une route. Une route assez importante, selon moi, puisque beaucoup de voitures circulaient. Cette voie déroulait son ruban bitumeux à travers les arbres, et longeait de loin la rivière tout en gravissant la colline escarpée. C'était étrange et rassurant à la fois de sentir toute cette animation dans ce lieu perdu, loin de la ville.

Après avoir laissé le pont derrière moi, j'ai pénétré dans un monde magique. Et là, mes mots n'ont rien d'exagéré. Je vais essayer de vous expliquer ! Imaginez une gorge sauvage, un torrent immaculé, des cascades à foison, des roches colorées, une forêt de sapins mystérieuse et un splendide ciel bleu, le tout gelé dans une ambiance pure et merveilleuse… Hé bien, c'était ça ! Oui, je peux oser le dire. Je goûtais au paradis terrestre, ce paradis dont je rêvais et que j'avais tant espéré découvrir. La peur de rencontrer une nouvelle déception me hantait toujours, c'était vrai, mais une force intérieure me parlait et me rassurait… Ici, il n'y avait pas de place pour les faux espoirs. J'étais sur la bonne voie, et je devais continuer… Je le sentais…

Emballée, j'ai donc accéléré la marche. Je cheminais aisément entre les pierres et les arbres. Je contournais les tourbillons d'eau, et j'escaladais les cascades. À côté de moi, un chemin longeait la rivière, un joli sentier pédestre raide et étroit. On aurait dit un escalier naturel, un escalier creusé dans la roche rouge qui suintait. Tantôt, il flirtait avec l'eau du torrent, tantôt, il s'éloignait, et disparaissait dans la forêt. Mais je ne l'empruntais pas. Je restais fidèle à ma nouvelle amie… cette rivière enchantée, féerique qui m'avait adoptée. Je cheminais sur la berge glissante, imprégnée de boue orange, devenue or à mes yeux. Et lorsque j'arrivais dans une clairière aux eaux calmes, j'égarais mes pas dans l'eau écumeuse. J'ai continué de marcher les pieds dans l'eau.

De temps en temps, je croisais d'autres ponts sur ma route, de beaux ponts faits en rondins de bois. Ils surplombaient les gorges où je me trouvais. Ils s'étiraient d'une rive à l'autre en fendant l'air, le vide et les nappes de brume. Là, par contre, je faisais exception à la règle : je quittais momentanément la rivière, je grimpais les flancs arborés pour flâner sur ces grandes passerelles élégantes. Là-haut, je me suspendais dans les airs. C'était bon de se sentir libre comme les oiseaux. J'admirais l'eau bouillonnante, les cascades vertes, les rapides vigoureux, les sources rouges et les marmites torrentielles recouvertes de mousses blanches. Imprégnée par le paysage, je me sentais envahie par un bien-être étrange…

Comment vous décrire cette extase ? Une sensation extrêmement agréable, une chaleur brûlante à la limite de l'enivrement qui réchauffait mon corps tout entier de l'intérieur. J'étais comme saoule… Ivre de bonheur… J'avais l'impression de voler, de flotter, de planer. La nature vivante et remuante me parlait, m'interpellait à travers son langage inédit. Je l'écoutais avec un sixième sens encore inconnu à ce jour. J'étais dans mon élément… Je n'avais jamais été aussi bien de toute ma courte vie. Des instants magiques qui se prolongeaient de pont en pont…

Au fil de la promenade, la gorge devenait plus étroite. Elle se resserrait petit à petit. La rivière s'agitait entre deux grandes parois verticales. Il ne me restait presque plus de place pour marcher. J'avançais doucement et prudemment dans le lit du torrent. Je sautillais agilement de pierre en pierre au milieu des vagues et des remous. Je riais. Je chantais. Je dansais. Je jouais.

Par moments, mes pieds trébuchaient inopinément dans l'eau. Cela me faisait rire et crier à tue-tête. Je m'amusais comme une folle dans cet environnement. J'avais trouvé un terrain de jeu formidable. Un terrain de jeu ne ressemblant à aucun autre…

Ma gaieté, toutefois, s'est envolée plus loin… À un moment, je me suis retrouvée immobilisée devant un grand mur d'eau, un canyon infranchissable. J'étais coincée. Je ne pouvais plus avancer. Je pouvais toujours affronter les cascades, les tourbillons et le courant fort, mais vu mon petit gabarit, c'était plutôt déconseillé et surtout trop dangereux. Mon désarroi grandissait, car à part revenir sur mes pas… Non, je n'avais pas fait tout ce voyage pour rester bloquée ici. Je devais trouver une solution. Mes yeux ont balayé prestement le paysage et sont tombés sur le chemin au-dessus de moi. Il était toujours là, suivant mon parcours de sauvageonne. Creusé dans la roche, il poursuivait sa route… Il remontait inlassablement la rivière en gravissant le flanc escarpé.

Ni une, ni deux, j'ai alors fait demi-tour, et je l'ai rejoint une centaine de mètres plus bas au bord de la rivière. Je l'ai emprunté prudemment. Très resserré, il serpentait à travers les rochers, et flirtait avec le vide. Impressionnée, je marchais sur le côté, le plus sérieusement du monde, le plus loin possible du ravin. Je stoppais ma marche de temps en temps pour contempler la vue. L'eau déchaînée coulait au fond du précipice. Je jetais des cailloux, des morceaux de bois, des pierres, tout ce que je trouvais sur mon passage. Je visais les tourbillons et les poches d'eau profondes. Dans mon égarement, je frissonnais toujours… J'étais une petite fille comblée. J'avais enfin trouvé un endroit merveilleux, de toute beauté, un endroit préservé de l'homme où la nature pouvait s'épanouir librement… où elle respirait sans perdre son oxygène… où les seules règles étaient établies par la faune et la flore.

J'ai continué ma randonnée en pleine forme. La matinée était déjà bien avancée. Le Soleil brillait au-dessus de ma tête. Le ciel était serein, sans nuages. Il commençait à faire chaud, très chaud. J'ai retiré mon pull, et je l'ai enroulé autour de ma taille. Un peu plus loin, le chemin tortueux a retrouvé la rivière. La vallée s'ouvrait à nouveau. Elle devenait plus large, plus lumineuse. Les gorges étaient désormais derrière moi. Je humais avec délice l'odeur de résine qui me chatouillait les narines. Les pentes étaient douces, peuplées de sapins majestueux au vert éclatant. Leurs progénitures recouvraient entièrement le sous-bois, comme un tapis d'herbes. Au milieu de ce spectacle, la rivière coulait paisiblement. Il n'y avait plus de rapides, il n'y avait plus de cascades. Tout semblait calme, silencieux, imperturbable. C'était reposant ! L'eau, débarrassée en partie de sa couleur orange… somnolait presque entre les cailloux et les racines de sapin.

En continuant mon périple, j'ai atteint plus haut une petite route de campagne égarée dans la forêt. Et au-delà, j'ai abordé un immense plateau… Un plateau infini recouvert de landes vertes et de forêts d'épicéas sombres. C'étaient les Hautes-Fagnes, le toit de la Belgique. Les sœurs nous en parlaient souvent à l'orphelinat. Elles nous les faisaient découvrir en images, en photos. Le paysage m'était donc familier. Mais là, j'avais la chance de le voir en vrai… C'était bien plus beau. Personnellement, je n'aurais pas pensé une seule seconde que cet endroit était si près de Malmedy. Moi qui pensais me trouver loin de l'Institut, j'étais forcée de constater que j'avais marché seulement cinq ou six kilomètres. Pas plus !

Pas de regret, en tout cas ! Le spectacle était à la hauteur de mes espérances. Une nature intacte dans sa solitude, un paysage magique empreint de mystères, un paradis vert d'une rare beauté… Je cheminais lentement sur un semblant de petit sentier… J'apprivoisais cette carte postale de taille réelle qui défilait sous mes yeux.

Soudain, un vent frais s'est mis à balayer les landes autour de moi. Je suivais toujours la rivière, elle s'étiolait de plusieurs petits bras argentés reflétant la lumière du jour. Je les enjambais de temps en temps pour trouver un chemin plus adéquat. Néanmoins, je restais attentive et prudente, je faisais attention aux endroits où je posais les pieds. Car le sol s'enfonçait sous mon poids, à l'image des sables mouvants. C'était impressionnant ! Je me devais d'être vigilante et de ne pas m'égarer dans cette brousse.

Et puis, ce terrain délicat et mou l'a emporté sur le lit de pierres. Le cours d'eau a disparu dans la tourbe épaisse. Moi qui, depuis le début de mon aventure, le suivais ardemment... Mon seul repère pour avancer venait de s'arrêter brutalement. Je ne savais plus où aller à présent... Plus de rivière, plus de guide ! Je devais donc me rendre à l'évidence : mon voyage prenait fin là, au cœur d'une immense prairie marécageuse. Déconcertée, triste et déçue, je me suis assise sur un tronc d'arbre mort à moitié immergé dans le bourbier.

En me reposant sur ce banc naturel, j'observais le paysage aux alentours : j'étais seule dans cet immense désert vert à perte de vue, parfois entrecoupé d'une route avec des automobiles. L'homme et la nature s'harmonisaient bien... Ce portrait me plaisait. Tout en admirant cette beauté, je gambergeais dans ma tête. Je cherchais un petit nom à cette rivière merveilleuse que j'avais suivie. Exaltée par le paysage, je n'ai pas eu de mal à le trouver. Je l'ai baptisée « la Dorée ». Oui, cela lui correspondait bien, pour plusieurs raisons... « La dorée » pour sa couleur, tout d'abord ; « l'adorée » parce qu'elle me plaisait ; « la Dorée » car ce nom ressemblait au mien. Dorée, Doria... Oui, cela sonnait bien ! Pas mal, non ? J'étais ravie de ma trouvaille.

Alors, bienvenue dans la vallée de la Dorée, les amis !

Sentant la fatigue, je me suis levée et j'ai rebroussé chemin. Je suis rentrée par où j'étais venue, en suivant le torrent jusqu'à son embouchure dans la Warche. J'ai traversé le vert plateau fagnard, dévalé la forêt profonde, parcouru les clairières ensoleillées, les gorges brumeuses et les « glacières » aux sources rouges. Même dans le sens inverse, l'itinéraire était toujours aussi plaisant. Puis, telle une sprinteuse aux jeux olympiques, j'ai couru jusqu'à Malmedy. Je me dépêchais car j'étais partie depuis longtemps. Il était presque 14 heures, déjà ! On devait s'inquiéter de mon absence à l'orphelinat. D'ailleurs, fini l'insouciance de la liberté. Durant ma course, mon cœur battait à tout rompre. J'avoue que j'avais peur… peur d'affronter les sœurs… peur des représailles. Dans ma tête, tout se bousculait. Je réfléchissais à des excuses plausibles. Mais aucun argument valable ne me venait à l'esprit.

Vers 15 heures seulement, j'ai franchi le portail de l'Institut. Là, l'accueil correspondait à mes attentes. Comme je le craignais, les sœurs se sont jetées sur moi, et j'ai eu droit au pire savon de ma vie. Elles m'ont enfermée immédiatement dans un grenier de l'orphelinat où j'ai dû élire domicile pour tout le reste des vacances… Pour une punition, c'était une punition. Une punition de taille à l'image de mes escapades… De la liberté sauvage, je passais à l'enfermement absolu. J'étais prisonnière… J'étais seule, coupée du monde. Personne n'avait le droit de venir me voir. Mes repas se contentaient de pain sec et d'eau. En plus de tout ça, je devais tous les matins assister à la messe de 6 heures au couvent avec les sœurs, habillée en costume. J'étais malheureuse comme les pierres. Mais ne l'avais-je pas cherché ? Je l'avais mérité. J'avais fugué. J'avais dépassé les limites autorisées par sœur Berthe. En dépit de ce dur quotidien, je ne regrettais rien. Toutes ces promenades dans la nature m'avaient procuré un tel bonheur… Surtout la dernière, où j'avais découvert « la Dorée ». À présent, je connaissais la région par cœur et les trésors qu'elle recelait. J'avais accompli une belle action. Mon désir d'évasion était comblé. Enfin, c'était ce que je me disais à ce moment-là…

Le jour de la rentrée scolaire est arrivé. J'ai pu quitter mon grenier poussiéreux. Un moment inoubliable… Je souris en me remémorant ce souvenir… Je retrouvais enfin mes camarades, la vie en société. Je courais dans les longs couloirs, et criais ma joie aux quatre coins de l'orphelinat. Mes amis m'accompagnaient gaiement. Ils étaient tous près de moi, aussi contents que moi de nos retrouvailles. Ce premier jour de septembre était enveloppé d'une vague de bonheur qui baignait tout l'Institut. Les vacances se terminaient bien pour tout le monde.

Les mois suivants se sont écoulés paisiblement, à la grande satisfaction des sœurs. Je menais une vie studieuse. Me levant tôt le matin, je me rendais à l'école tous les jours. Les soirs, je faisais mes corvées et devoirs à l'orphelinat comme n'importe quel enfant. Un emploi du temps certes très chargé, mais qui ne me comblait pas… Je ne pouvais oublier ma drogue : la nature… Elle me collait à la peau. Je retournais régulièrement en catimini auprès de la Dorée, ma rivière enchantée. Oui, c'était plus fort que moi, je ne pouvais plus me passer de ce petit coin de paradis. J'avais besoin de me ressourcer près d'elle, ma chère Dorée adorée, pour continuer à faire semblant d'aimer le quotidien. Sans me faire prendre, je passais avec succès la sortie secrète, et je m'en allais voguer vers le nord dans les bois. Je limitais mes escapades aux gorges torrentielles. Oh, j'avais pourtant envie d'aller plus loin, notamment jusque dans les Hautes-Fagnes, mais hélas, la distance était trop longue. Cela aurait éveillé les soupçons. Les sœurs pensaient que je ne fuguais plus… et la punition aurait été terrible cette fois-ci. Et puis, retourner dans mon grenier, je n'y tenais pas trop… Je partais principalement les samedis, les dimanches ou quelquefois les mercredis après-midi. L'automne avait remplacé l'été… La palette de couleurs était riche. J'admirais ces peintures naturelles. Je marchais sur le chemin. Je sympathisais avec les animaux, les arbres que je croisais sur ma route. Je m'amusais à construire des barrages dans la rivière. Parfois, lorsque j'avais un peu de temps devant moi, j'écoutais la nature… Assise sur les ponts en bois qui surplombaient les gorges, je m'enivrais de ses sons…

La saison est passée ainsi, entre les cours, les corvées et mes balades interdites… L'hiver a pris à son tour sa place doucement. Et puis est venu Noël… Noël, où tout à coup, les sœurs ont décidé de nous emmener dans les Hautes-Fagnes. Une surprise pour nous récompenser de nos bons résultats scolaires. Au début, je n'y croyais pas. Je pensais qu'elles se moquaient réellement de moi, de nous. Mais c'était bien vrai ! Elles nous proposaient à nous, enfants, une journée de marche dans la nature, sur les traces de Dieu…

Nous sommes partis un beau matin ensoleillé. Les rayons ne réchauffaient pas l'atmosphère, il faisait froid. Le gel avait laissé son empreinte durant la nuit. Les prairies étaient blanchies par le givre, et des nappes de brouillard flottaient au-dessus des rivières qui fumaient. Nous avons traversé Malmedy et ses monuments, marché jusqu'à la Warche, puis nous avons remonté son cours jusqu'aux eaux ferrugineuses de mon sanctuaire. Nous avons pris le petit sentier forestier qui cheminait sur la berge pour suivre la Dorée jusque dans les Hautes-Fagnes. Intérieurement, je jubilais. Hé oui ! J'aurais pu être le guide… Les yeux fermés, je connaissais la route par cœur. C'était exactement, au détail près, le même sol que mes pas foulaient d'habitude, lors de mes échappées en solitaire. La seule différence, c'était que dans ces conditions, j'étais mille fois plus heureuse… Pourquoi ? Tout simplement parce que cette fois, je faisais ce beau parcours avec tous mes amis, avec tous ceux que j'aimais… Ma seule famille. Non, je ne rêvais pas ! L'alchimie entre l'amour et la nature était bien réelle. La rencontre avait bien lieu. Sur le chemin de notre liberté, je marchais devant en éclaireur. Je marchais sur mes traces, en feignant de découvrir les merveilles du paysage pour la première fois afin de ne pas trahir mes fuites secrètes. À mesure de notre balade, nous avons vite oublié le froid de l'hiver. Son fin manteau de glace recouvrant ce paradis terrestre nous subjuguait. Mes amis ont adoré cet endroit magique. Ce jour-là, mon secret est devenu celui de tous…

Le 5 septembre 1994, 2 h 09

Coucou, me revoilà ! Dehors, il fait noir, très noir. Normal, allez-vous me dire, puisque c'est la nuit ! Mais c'est une nuit ne ressemblant à aucune autre… Une nuit exceptionnelle. J'ai eu un flash, un éclair existentiel…

La vie est un long fleuve tranquille. Et la mort, un éternel recommencement… Oui, j'ai peut-être trouvé une réponse à toutes mes questions qui me torturent depuis fort longtemps.

La Warche, la Warchenne, la Dorée… Toutes ces promenades ont un sens, j'en suis certaine. Je viens de le découvrir à l'instant…

Une rivière est à l'image d'un être humain. Elle naît minuscule. Puis, elle grandit, turbulente, creuse sa vallée, s'intègre dans le paysage. Comme un homme qui apprend les règles de la vie et s'intègre dans la société. Ensuite, elle se calme. Elle devient plus mature, plus adulte… Elle vieillit. Ses eaux devenues sages ne creusent plus la vallée. Elle se contente de dessiner des méandres, apporte sa sagesse à la nature, un peu comme le ferait un vieil homme avec son entourage, sa descendance. Certaines ont une vie belle, sereine et pure. Elles vivent en harmonie avec l'environnement et les hommes. D'autres, par contre, se heurtent à une décharge, à des usines ou à des barrages… Elles sont alors polluées jusqu'à la fin de leur cours. Ces rivières empoisonnent, malgré elles, toute la vie autour, même leurs consœurs quand elles se jettent dedans. Elles sont à l'image de certaines maladies, le cancer, le SIDA et autres… Enfin, au terme de sa vie, la rivière meurt. Elle se fond, silencieuse, dans un fleuve, dans une mer ou dans un océan… Elle disparaît sans laisser de traces. Mais est-ce vraiment la fin ? Dans ce cas précis, je pense que non… Regardez ! Les eaux mortes renaissent. Elles s'évaporent sous l'action du Soleil, forment des nuages dans le ciel, puis se déversent en pluie sur le continent… Elles créent alors un nouveau cours d'eau, dans un autre temps, dans un autre lieu. Si une petite rivière est capable de vivre éternellement, pourquoi pas nous ? Je vous pose la question.

Tiens ! J'ai une autre illumination… Imaginez que nous soyons une goutte d'eau, une minuscule goutte de pluie ! Qu'allons-nous faire ? Nous naissons d'abord dans un nuage pour tomber sur le sol. Nous ruisselons dans la nature. Nous aboutissons dans une rivière. Nous vivons, grandissons, vieillissons au gré des cascades et des méandres, puis nous mourons dans un océan. Ensuite, nous nous évaporons. Nous changeons d'état… Nous montons au ciel. Nous ressuscitons dans un nuage. Nous retombons sur Terre. Nous revivons dans une autre rivière, et ainsi de suite… Et si la vie, c'était aussi simple que ça ? Une goutte d'eau, une rivière qui se perpétue à l'infini. Avouez que ça a du sens, non ? Pour moi, en tout cas, c'est important de le penser. À présent, je me sens beaucoup mieux. Comme quoi, le fait d'écrire sa vie et de la partager avec les autres, ça aide. Cela peut nous éclairer pour la fin, avant la renaissance…

Bon ! Il se fait tard, maintenant. Je suis éreintée. Avant de me replonger dans mon sommeil, une dernière confidence mes amis ? D'accord… Si j'avais à faire un vœu là sur-le-champ, cela serait celui de me transformer… En quoi, à votre avis ? Cela ne vous surprendra pas le moins du monde. J'aimerais être une petite rivière… une petite rivière pleine de vie mais discrète… J'aimerais couler dans une forêt sombre baignée de lumière… Couler dans un endroit secret, un lieu sûr, loin des usines pour ne pas attirer la pollution, pour ne pas me colorer, pour ne pas empoisonner autour de moi. Par contre, je serais suffisamment accessible pour attirer les hommes et les amoureux de la nature. Oui, j'aimerais être une petite rivière…

⁂

8 h 35…

Quelle belle journée aujourd'hui, les amis ! Le ciel est bleu azur, sans nuages. Le Soleil vient de s'inviter dans ma chambre. De tous ses feux, il éclaire mon journal, et réchauffe mes couvertures. J'aimerais tant sortir, aller me promener dans les rues de Bruxelles… Tiens ! Imaginez qu'on se rencontre ! Je marche sur un trottoir tout en regardant les vitrines. Je traverse la Grand Place et soudain, vous croisez mon chemin… Vous vous arrêtez pour me saluer. Vous avez l'impression de me connaître… de me reconnaître… Qui est cette petite blonde au visage souriant ? On dirait Doria. Mais qu'est-ce qu'elle fait là, en ville ? Loin de la nature ? Elle a dû se tromper de chemin ! La Dorée, les Hautes-Fagnes, ce n'est pas par ici… Je souris. Vous me regardez étrangement. À côté de vous, je suis minuscule mais vous ne m'impressionnez pas. Au contraire ! Je vous sens fragile, sensible avec un gros cœur tendre. Je craque. Cela m'émeut. Amicalement, je vous prends la main pour vous entraîner en balade avec moi. Nous marchons lentement. Nous flânons dans les rues tout en discutant beaucoup. Nous échangeons nos ressentis, nous nous dévoilons, nous parlons de nos vies respectives. En fait, c'est plutôt vous qui m'apprenez des choses sur vos années passées. Car, vous, vous connaissez déjà tous mes secrets… Vous avez lu mon journal. Les murs des maisons, des commerces emprisonnent la chaleur du soleil. L'air est suffocant. Ah, si seulement, nous pouvions nous promener dans mon paradis… L'air y est plus respirable, moins étouffant. Les arbres, les rivières…

Tu me manques Dorée !

La soif nous fait nous arrêter à la terrasse d'un café. Vous m'offrez un diabolo menthe dont je me délecte. Vous me regardez boire et vos yeux fixés sur moi posent des questions silencieuses. Que fait Doria seule dans les rues ? Cela m'intimide. J'accepte de vous livrer la vérité… Oui, je me suis enfuie de l'hôpital. Mais au lieu de me blâmer, vous souriez. Vous n'avez pas l'air surpris… Par contre, vous avez du mal à cacher votre inquiétude. Sur ce, je n'insiste pas. Je termine de siroter mon verre. Vous me proposez de me reconduire, j'accepte sans discuter. Nous quittons le troquet, prenons ensemble le chemin de l'hôpital. Vous me laissez gentiment devant l'entrée des urgences, et nous nous séparons comme deux vieux amis. Cette petite balade ensemble dans les rues de la ville était sympathique, non ? À propos de balade, je vais vous en raconter une… plus belle, plus croustillante. Un chemin où peut-être, je vous ai vraiment rencontrés… Qui sait ?

L'hiver s'achevait à Malmedy, et l'année scolaire battait son plein. J'étais en cinquième primaire. Je me plaisais bien dans ma nouvelle école. L'instituteur était un homme jeune et beau. Toutes les filles craquaient pour lui, moi y compris. Seulement voilà, ce n'était pas réciproque. Il me faisait souvent des remarques désobligeantes en classe, ce qui me vexait. Il me reprochait d'avoir les yeux rivés sans cesse à l'extérieur, par la fenêtre. Que pouvais-je y faire ? La vue était tellement belle du troisième étage ! Le paysage dévoilait ses collines, ses forêts, ses rivières. L'appel de la nature était trop fort. D'autres routes dont je n'avais pas exploré les richesses m'obsédaient. Je m'évadais donc du regard…

Un jour, il m'a convoquée dans la cour de récréation pour me demander la raison de cet égarement perpétuel lors de sa classe. Le plus simplement du monde, je lui ai expliqué que j'aimais la nature et que j'avais envie de la découvrir. Sa réaction n'a pas été celle espérée : il m'a ri au nez… Il me prenait vraiment pour une petite imbécile, je crois ! En retour, j'ai fait de même. J'ai rigolé en me moquant ouvertement de son costume trois-pièces démodé et de ses cours à la noix qui me cassaient les pieds. Il m'a envoyé quelques piques bien salées. Je ne me suis pas laissé faire, je lui ai répondu encore et encore. Et finalement, il s'est énervé… Il a commencé à crier, à hurler sur moi. Et pour me montrer que l'adulte était plus fort que l'enfant, il m'a offert deux heures de colle. Motif : mon impertinence. Oh, je ne lui en voulais pas pour cette punition. Prisonnière de l'école ou bien de l'orphelinat, le résultat était égal. De toute façon, j'avais réussi mon coup. En lui rabaissant son caquet, j'avais atteint sa sensibilité. Les jours suivants, il ne m'ennuyait plus en classe. Comme à son habitude, il donnait ses leçons sur l'estrade, mais il me laissait regarder par la fenêtre sans m'interrompre. En contrepartie, moi, je faisais des efforts. J'essayais de me concentrer un peu plus sur les cours. Je travaillais bien à l'école, et je suis même devenue première de classe. Je voulais l'épater, lui démontrer que je n'étais pas l'idiote qu'il imaginait.

Et un jour, mes efforts ont payé. Il a compris… Il est venu vers moi, et m'a offert un livre. Un livre magique avec des photos, des montagnes enneigées et des glaciers. Le titre de cet ouvrage était *Les cinq vallées du mont Blanc*. Il me le prêtait gentiment à une seule condition : celle de le lire uniquement en dehors des heures de cours. Contente, je l'ai remercié. Et devant lui, je me suis immédiatement lancée à la découverte de ces pages bleues magiques. Elles m'ont fait pleurer… Elles illustraient un nouveau monde pour moi, un monde dont je ne soupçonnais pas l'existence : des montagnes grandioses, des neiges éternelles, des rivières aux eaux claires et bleutées… Moi qui pensais, à travers mes escapades interdites, avoir tout découvert de la nature ! C'était faux. Ce jour-là, je tombais de haut.

Les semaines passaient, et je restais sous l'emprise de mon nouveau livre. Je dévorais chaque illustration sans lire les commentaires. Les images, même muettes, semblaient parler d'elles-mêmes. Elles me ravissaient. Toutes ces montagnes qui idéalisaient la nature… Comment y résister ? La journée à l'école, je fantasmais de les découvrir, et la nuit dans mon sommeil à l'orphelinat, j'en rêvais continuellement. Elles me tendaient la main, m'appelaient… Je ne pouvais lutter contre mes envies de les explorer.

Puis, en dépit de tous les risques que j'encourais, j'ai pris une décision… La décision de partir là-bas pour ces belles montagnes.

Cet endroit mystérieux existait vraiment. Il se trouvait quelque part en France, à mille kilomètres de Malmedy. Ce n'était donc pas la porte à côté.

Pour m'y rendre, je devais organiser minutieusement mon périple, planifier un voyage, et non une promenade. Un voyage long et difficile, un voyage peut-être sans retour… Les soirs, après l'école, en cachette, je passais régulièrement à la bibliothèque de la ville. Je consultais des atlas et des cartes géographiques. Je repérais mentalement mon chemin, mon itinéraire. Je notais les villes et les pays à traverser. Je devais quitter la Belgique par le sud, passer par le Luxembourg, puis descendre tout droit jusqu'au cœur de la France. Je devais ensuite me rendre en région Rhône-Alpes direction la Haute-Savoie, plus exactement : Chamonix. Oui, cette ville était ma destination. Pourquoi si loin ? Pourquoi ce lieu ? Parce qu'il se situait dans les Alpes, au pied du mont Blanc, le Seigneur des glaciers. Tout ce que j'avais à faire donc, c'était de viser cette petite ville : la Lumière n'en était sûrement pas loin…

⁂

Je suis partie un jour de vacances de Pâques. Le printemps était revenu. Il faisait beau et chaud ce matin-là. Les oiseaux chantaient dans le parc. Les fleurs s'épanouissaient au soleil. Les bourgeons s'ouvraient, et les premières feuilles apparaissaient sur les arbres. J'avais prévenu sœur Berthe que j'allais me promener autour de l'orphelinat. Je ne lui mentais pas vraiment à cet instant-là, car j'étais encore un peu hésitante. Je partais, mais si je constatais que mon voyage était inaccessible, je reviendrais. Faire un si long parcours ne s'improvisait pas. Je voulais d'abord tester... Voir si j'arrivais à déployer mes ailes avant de m'envoler... pour le Seigneur des glaciers.

Après le petit déjeuner, j'ai rejoint le passage secret dans les bois de l'orphelinat. Mon petit sac de voyage m'attendait. J'avais pris soin de le préparer la veille pour gagner du temps. Il contenait quelques vêtements, de la nourriture, de l'eau et surtout Bouba, mon fidèle ami. Le début de mon voyage était devenu routinier pour moi... J'ai cheminé sur les berges de la Warchenne, et j'ai traversé la ville jusqu'à la Warche. Après, par contre, j'ai pris une direction que je ne connaissais pas : le sud, vers le Soleil. Je marchais le long d'une grande route. Je passais devant des maisons, des cités, des magasins, des usines. Je suivais la Warche qui jouait à cache-cache avec les murs et les arbres. Son eau jaune et nauséabonde me rendait malade. J'ai alors accéléré la marche, et j'ai atteint l'autoroute quelques kilomètres plus loin. Elle passait sur un haut talus boisé tout en formant une frontière... Une frontière entre ma région et l'inconnu.

Je me suis arrêtée et mon regard s'est tourné vers Malmedy. C'était le moment ou jamais. Hésitant quelques instants, j'ai pesé le pour et le contre. Revenir ou poursuivre ? Oh, il était encore tôt. Même pas midi. Je pouvais encore marcher un peu. On verrait bien par la suite. J'ai donc repris la marche en direction de l'inconnu, laissant s'éloigner Malmedy dans mon dos, et j'ai continué ma route, très confiante. J'ai dépassé l'autoroute en cheminant sous un grand viaduc. Puis, j'ai quitté le flot de voitures ambiant, et je me suis enfoncée au hasard dans les prairies et la forêt profonde. Ah, comme c'était bon de retrouver la nature sauvage ! Cela me donnait des ailes légères... Je cheminais à grands pas en compagnie de ce vert infini. Je grimpais les collines pour ensuite les dévaler. Je passais sur un pont, saluais une rivière. Je traversais un village, puis je remontais de nouveau dans la forêt, et ainsi de suite jusqu'au moment où le Soleil s'est couché... Je ne m'étais pas rendu compte que la journée avait défilé aussi vite... Nous étions le soir et j'étais loin... Loin des miens, de mon orphelinat, de mon quotidien...

Où donc étais-je arrivée ? Je regardais tout autour de moi. Inquiète, j'examinais les lieux. J'étais perdue dans les bois. J'avais marché sans m'arrêter, totalement envoûtée par les nouveaux paysages traversés. Que m'avait-il pris d'avancer comme ça sans réfléchir ? Comment allais-je faire cette nuit ? Où allais-je dormir ? Qu'allaient-ils penser à l'Institut ? À présent, par la faute de mon inconscience, j'étais à des lieues de

Malmedy, seule, sans un sou et peut-être à la merci de n'importe qui ! Désemparée et apeurée, je me suis assise au pied d'un arbre. J'ai commencé à pleurer à chaudes larmes. Ben oui, mettez-vous à ma place ! L'orphelinat était loin. J'avais faim. J'avais peur… Oui, je n'ai pas honte d'avouer qu'à cet instant précis, je regrettais d'avoir eu cette idée folle, cette idée stupide de m'enfuir si loin. Mais bon, il était trop tard pour revenir en arrière. Au stade où j'étais, je ne pouvais désormais plus reculer. Revenir à l'orphelinat, c'était du suicide. J'étais absente depuis le petit déjeuner… Les heures s'étaient envolées. Les sœurs m'auraient tuée à mon arrivée. Et passer tout le reste des vacances enfermée dans un grenier, non merci ! J'avais déjà eu ma dose. Je n'avais plus le choix. Je devais continuer. Avancer vers le sud, vers le soleil de midi. Mais comment allais-je faire pour m'y rendre ? Prendre le train ? Sans argent ? Faire du stop ? Pour qu'un pervers me viole ? Lorsque je repense à cette histoire, je me dis que je n'étais vraiment qu'une gamine inconsciente et stupide.

Après ces quelques moments de panique, j'ai respiré fortement et… une petite phrase a résonné alors dans ma tête : *« Aide-toi, et le ciel t'aidera ! »*

Ces mots… L'hymne de joie de sœur Berthe. Elle les citait à tout bout de champ à l'Institut… Mais personne n'y prêtait attention, pas même moi… Pourtant, ce jour-là, perdue, loin de l'orphelinat, cette petite formule me réveilla. Mes tracas du moment se sont envolés comme par enchantement. J'ai repris confiance en moi. J'ai séché mes larmes et je me suis levée. J'ai continué mon chemin à travers la forêt obscure. Contre mon ventre, je serrais mon petit sac de voyage. Mes pas me guidaient machinalement droit devant. J'avançais sans m'arrêter. Il faisait sombre, presque noir… L'ambiance sinistre de la nuit tombante régnait dans les bois, mais je gardais le sourire, je gardais la foi dans les paroles de sœur Berthe. J'appréciais tout de même cette petite balade nocturne. Je cheminais entre les arbres, les ronces et les orties. Je sentais des présences… Je ne les voyais pas, mais des animaux me suivaient, de loin ou de près. Cela me rassurait. Je n'étais pas toute seule.

Une petite route de campagne a enfin croisé mon parcours hasardeux. Elle s'égarait vers l'horizon étoilé. C'était sûrement le chemin des Alpes. La route à suivre ! Je l'ai donc empruntée sans trop me poser de questions. J'ai commencé à marcher dans la direction du vent. Je traversais des prairies et des bois.

Tout n'était que calme et silence. Le néant absolu ! Aucune voiture ne circulait. Personne ne se promenait. Seules quelques grenouilles intrépides traversaient la route par moments.

Et puis au loin, j'ai aperçu une ferme éclairée surplombant le sommet bombé d'une colline. Elle comprenait plusieurs bâtiments : un hangar, un silo, des étables… J'avais trouvé un refuge inespéré pour la nuit ! J'ai quitté la route pour me rapprocher de l'habitation. J'ai franchi une clôture électrique, traversé une prairie de hautes herbes, et j'ai pénétré dans la cour. Discrètement, je me suis faufilée entre les poules et les tracteurs. Mais à ma grande surprise, un chien s'est mis à aboyer…

Dans un élan de survie, j'ai commencé à courir de toutes les forces qui me restaient… Je me suis cachée dans une grange, au hasard. J'ai escaladé une montagne de ballots, puis je me suis dissimulée dans un trou étroit, et épuisée, je me suis endormie sur un lit de paille…

Lorsque je me suis réveillée le lendemain matin, je n'étais plus sur mon matelas improvisé… Quelle surprise ! Je me trouvais dans une chambre inconnue, dans un lit confortable. Qu'était-il arrivé durant mon sommeil ? Qui m'avait portée ? Je n'avais rien vu, rien entendu. J'étais allongée, vêtue des vêtements de la veille. Mon sac avec mon petit Bouba se trouvait sur le sol au pied du lit. Quelqu'un avait dû me trouver dans la grange. Mais qui ? Blottie sous les couvertures encore tièdes, je repensais à mon excursion. En même temps, j'examinais la pièce étrangère en silence. Les rideaux tirés ne me permettaient pas de savoir quelle heure il pouvait être. Une petite table de nuit se trouvait près du lit, des posters et des photos tapissaient les murs. J'avais dormi apparemment dans une chambre d'enfant. À l'extérieur, seul le moteur bruyant d'un tracteur fonctionnait. C'était lui qui m'avait tirée de mon sommeil.

Soudain, quelqu'un a frappé à la porte… Cela m'a fait sursauter. Je me suis redressée rapidement. La porte grinçante s'est ouverte lentement… Une jeune fille est entrée sur la pointe des pieds dans la pièce où l'on m'avait installée. Elle était très jolie, brune avec de longs cheveux. Elle devait avoir douze ou treize ans. Elle portait un plateau avec du pain, de la confiture et un bol de lait chaud. J'ai trouvé ce geste adorable : elle m'apportait un petit déjeuner au lit. J'ai souri, très heureuse de pouvoir avaler quelque chose de consistant. Elle s'est approchée doucement pour ne pas m'apeurer. Elle a posé le plateau sur mes genoux et s'est assise à mes côtés sur le lit. Enfin, son lit, je présume ! Sur son visage s'est dessiné un sourire charmeur. Elle s'est présentée gentiment d'une voix douce... Ludivine habitait à la ferme. Elle m'a raconté que durant la nuit, le chien qui avait aboyé à mon arrivée m'avait trouvée inconsciente dans la grange. Son papa, alerté par les appels de l'animal, m'avait trouvée et aussitôt transportée dans la maison. C'était ainsi que j'avais atterri dans la chambre de Ludivine. Intérieurement, je remerciais ce fermier de son hospitalité. Tout devenait clair dans mon esprit... J'étais rassurée.

Un peu plus en confiance, je me suis présentée à mon tour : Doria, Malmedy, l'orphelinat... Je lui narrais ma jeune vie en quelques mots. Difficile de faire autrement, car elle m'interrompait à chacune de mes phrases pour me poser des questions... Qu'est-ce que je faisais là ? Où j'allais ? Pourquoi ? Son intérêt à mon égard me réchauffait le cœur. Cela me faisait plaisir. Alors, je lui ai expliqué ma quête du mont Blanc et ce long voyage planifié, commencé la veille. Je pensais qu'elle serait fière de constater qu'un petit bout de femme pouvait être aussi courageux et déterminé. Mais sa réaction n'a pas été celle que j'attendais : Ludivine éclata de rire... Visiblement, elle ne me prenait pas au sérieux. Cela n'avait pas d'importance, j'avais l'habitude depuis l'instituteur. Sur ce, quelque peu vexée, je n'ai plus rien dit, et j'ai entamé mon petit déjeuner sans me soucier de sa présence.

À cet instant, une autre personne a pénétré à son tour dans la chambre, mais cette fois, sans frapper. C'était un homme. Un homme barbu coiffé d'un chapeau, au physique impressionnant, très costaud. Il m'examinait avec des yeux étranges. Il reluquait mes vêtements, mes cheveux, mes mains… Son regard s'est arrêté sur mon visage, et plus particulièrement ma bouche. Cela m'a mise mal à l'aise. Je n'ai pu continuer de manger. Ses yeux insistants m'avaient coupé l'appétit. Ludivine, sentant ma gêne, est intervenue pour adoucir l'atmosphère. Prestement, elle s'est levée et m'a présenté l'homme chapeauté qui se tenait devant nous. C'était son papa. Il a souri, a lâché quelques mots de complaisance pour sympathiser. Mais je restais muette. Il me faisait peur, très peur.

Et puis, après ce petit intermède, une troisième et dernière personne est entrée dans la chambre. Une jolie femme obèse avec des cheveux noirs assez longs, tenant une cigarette à la main. C'était la maman. Elle m'a saluée avec douceur. Intimidée, j'ai souri sans pouvoir émettre le moindre son. Tous les trois se sont approchés de moi, et m'ont regardée en silence. Toujours clouée dans le lit, mon malaise grandissait. Leurs regards posés sur moi me tétanisaient. Je n'avais pas l'habitude. Instinctivement, comme un petit animal, en signe de protection, j'ai tiré les couvertures jusqu'au menton. Puis, j'ai fermé les yeux très fort. Le couple, vexé par mon attitude infantile, a fait deux pas en arrière pour ensuite se retirer en silence. Ludivine a attrapé le plateau posé sur le lit, et est sortie à son tour rejoindre ses parents. La porte s'est refermée derrière eux. Je me retrouvais de nouveau seule dans la chambre. Encore allongée sous les couvertures, je pensais au couple de fermiers. Ils ne me paraissaient pas nets. Même s'ils m'avaient offert leur hospitalité, ils ne m'inspiraient pas confiance. Je sentais encore les yeux du père me dévorer. Je me suis dit qu'il allait me sauter dessus.

À cette idée, j'ai la chair de poule… Heureusement pour moi que sa femme et sa fille étaient là ! Quand je pense que c'était lui qui m'avait transportée jusque dans la chambre. J'espère qu'il était accompagné !… D'après Ludivine, c'était le cas.

Les heures passaient, la matinée s'écoulait dans une atmosphère tendue. Je somnolais sans pouvoir me rendormir dans ce lit que je n'avais pas encore osé quitter. La voix forte du père résonnait à travers les cloisons de la maison et me stressait constamment. Il criait et cela semblait être destiné à Ludivine et sa mère. Il m'effrayait. J'essayais de ne pas y prêter attention, mais c'était difficile de faire autrement car ses paroles faisaient trembler toute la maison.

Soudain, elles se sont mises à hurler à leur tour. J'ai ensuite entendu des bruits secs de verres brisés… Cela a été le déclic. C'en était trop pour moi ! J'ai attrapé mon sac posé sur le plancher, j'ai vérifié si rien n'avait disparu à l'intérieur, et sur la pointe des pieds, j'ai quitté le lit. Je suis allée directement vers la fenêtre. Je pensais m'échapper par celle-ci. J'ai ouvert les rideaux et me suis penchée à l'extérieur pour voir à quel niveau de la maison je me trouvais. Zut ! J'étais au premier étage… Cela impliquait, pour m'enfuir, un nouveau numéro d'acrobatie.

Quelqu'un a frappé à la porte. Je n'avais pas entendu les pas monter l'escalier. Aïe ! On venait sûrement vérifier mes agissements. Ils avaient dû, malgré ma discrétion, m'entendre marcher sur le vieux plancher qui craquait. Affolée, j'ai ouvert la fenêtre. Dans un geste de survie, j'ai jeté mon sac dans la cour. Je suis passée par l'ouverture, et j'ai sauté sans réfléchir sur un tas de foin au milieu des poules. Je ne voulais plus rester une minute de plus dans cette maison. Mon évasion a fait aboyer le chien. J'ai ramassé mon sac et je me suis précipitée hors de la ferme. Toujours en courant, j'ai franchi une clôture électrique, traversé une grande prairie couverte de pissenlits. Sa belle couleur jaune ne m'a pas émue sur l'instant… J'étais trop occupée à fuir cette famille de fous. J'ai gagné la forêt qui dominait l'horizon. Me sentant en sécurité, mais toujours angoissée, je me suis enfin retournée… Je voulais vérifier que personne ne me suivait. Ouf ! J'étais seule… Rassurée, je me suis enfoncée dans les bois sans ralentir la cadence.

D'un pas rapide, je parcourais une grande sapinière artificielle. La ferme était désormais derrière moi. Malgré tout, cette pause inopinée chez Ludivine m'avait requinquée. J'avais passé une bonne nuit, pris un bon petit déjeuner. J'étais donc en pleine forme pour affronter cette deuxième journée de voyage. Merci tout de même à Ludivine et à ses parents. Je ne leur enverrais pas de carte postale, mais je leur transmettais mes plus belles pensées… Durant une heure ou deux environ, j'ai arpenté les longues lignes vertes de sapins. Puis, mon chemin a commencé à descendre fortement dans la forêt. J'arrivais dans une vallée, une vallée profonde qui morcelait le paysage vallonné. Les sapins ont disparu pour être remplacés par des feuillus plus accueillants. Des bouleaux, des charmes et des hêtres au vert clair. Je retrouvais également la lumière du soleil, sa chaleur qui me faisait du bien. Je devais rester attentive à la marche car la pente était raide. Sur mon parcours, je rencontrais quelques obstacles naturels : des barres rocheuses, des ravins et des chutes de pierres…

Après la végétation dense et variée, des maisons sont apparues dans le lointain. J'approchais un village, le premier depuis mon départ de la ferme. J'en avais fini avec la descente acrobatique, j'allais pouvoir enfin continuer mon périple dans de meilleures conditions. Toutefois, je n'étais pas rassurée pour autant… J'entendais des bruits de pas derrière moi… Des pas rapides… Ils se rapprochaient… Ces pas avançaient dans les feuilles et les branches mortes qui tapissaient la litière forestière. À chaque avancée, je les entendais craquer… Quelqu'un me suivait…

Isolée dans les bois, j'ai soudain paniqué. J'ai ramassé un bâton sur le sol et je me suis cachée derrière un arbre, un beau chêne opportun. Dans ma cachette improvisée, j'ai attendu quelques minutes, accroupie au milieu des ronces. Non, je n'avais pas perdu la raison : j'ai aperçu une silhouette jeune. Une silhouette familière… C'était Ludivine, vêtue du même jean que le matin même, ainsi que d'un gilet noir dont les poches étaient remplies à ras bord. Elle était seule. Le visage en sueur, les cheveux ébouriffés, elle marchait avec peine au milieu des rochers et des cailloux.

Étonnamment, elle s'est mise à crier mon nom : « Doria !... Doria... »

Mais dissimulée derrière mon arbre, méfiante, je n'ai pas répondu à ses appels... Que me voulait-elle ? Pourquoi venir me chercher si loin dans la forêt ? Peut-être espérait-elle que je retourne à la ferme, vers son père ? Cela pouvait être un piège. Il valait mieux rester prudente. Je suis donc restée tapie dans les fourrés, tout en l'observant attentivement. Elle est passée devant ma cachette sans me voir et s'est éloignée vers la descente. Elle a encore crié mon prénom. Mais cette fois, sa voix était plaintive, à la limite des larmes. Recroquevillée derrière mon chêne, je faisais toujours la sourde oreille.

Et puis, au bout de quelques minutes, j'ai fini par sortir de mon refuge végétal. Sa grande détresse me faisait mal au cœur. « Ohé, Ludi ! » l'ai-je appelée à mon tour en me mettant debout. Soulagée de m'entendre, elle a stoppé sa marche. Elle s'est retournée vers le son de ma voix et m'a souri. J'ai jeté mon bâton et j'ai fait deux pas vers elle. Elle a couru jusqu'à moi, et essoufflée, elle a lâché ces mots qui m'ont fait l'effet d'une bombe atomique :

« Doria, j'ai trouvé le moyen de t'emmener dans les Alpes ! »

J'ai ouvert grand mes yeux et mes oreilles. Avais-je bien entendu ? Elle qui le matin même se moquait de moi à propos de mon grand voyage, me proposait à présent une solution pour atteindre les Alpes ! Qu'est-ce que cela cachait ? Devais-je lui faire confiance ? De toute façon, à y réfléchir, au point où j'en étais... S'accrocher à ce tout petit espoir et même prendre des risques, cela n'allait plus changer ma situation.

Continuer à pied jusque dans les Alpes, il fallait se rendre à l'évidence, c'était une épreuve impossible pour une petite fille comme moi. Je rêvais complètement. Il fallait que je redescende sur Terre. La mission était irréalisable. Alors, j'ai mis ma méfiance de côté, et je lui ai tendu la main en signe d'approbation. Elle m'a rejointe sous mon grand chêne. Je l'ai interrogée sur ses intentions, mais à ma grande surprise, au lieu de me répondre, elle s'est mise à pleurer… à pleurer toutes les larmes de son corps. Pauvre petite Ludivine ! La voir dans cet état me bouleversait. Qu'avais-je dit ? Pourquoi cet abattement si soudain ? Pourtant, il n'y avait pas de quoi être si malheureuse : nous étions toutes deux dans la nature, loin de tout, sur le chemin des montagnes. La vie ne pouvait être que belle, merveilleuse. Devant ce spectacle, il fallait sourire et non pleurer… Émue, je l'ai serrée dans mes bras pour la réconforter. Je lui disais de regarder le ciel, les nuages, le Soleil, les arbres, d'écouter le chant des oiseaux ou le vent qui bruissait dans les feuilles, mais rien ne la calmait. Elle pleurait toujours, tel un torrent indomptable. Au bout d'un moment, je ne trouvais plus rien à lui dire pour la soulager. J'étais moi aussi au bord des larmes. Mais je ne pouvais pas, je ne devais pas craquer à mon tour. Je me devais d'être forte, sinon, notre voyage n'irait pas loin ! Il fallait agir. Déterminée, j'ai pris sa main, et je l'ai entraînée avec moi dans la forêt. Je guidais ses pas dans la nature. Comme une poupée de chiffon, elle me suivait sans broncher. Nous errions perpendiculairement à la pente, de façon à ne pas monter ni descendre. Sur notre route, nous avons rencontré des ruisseaux, des arbres géants, des animaux sauvages… À certains moments, des trouées dans la végétation laissaient entrevoir le fond de la vallée située en contrebas. Nos yeux distinguaient des prairies, des vaches, mais aussi des routes et des villages. Interpellées par ce bel environnement, nous avons escaladé un petit rocher surplombant la vallée pour contempler le panorama qui s'offrait à nous. C'était magnifique. Des forêts à perte de vue, des vallées encaissées, des collines soulevant l'horizon bleuté… Ludivine adorait. À mesure de ces trésors, elle a cessé de pleurer, a séché ses larmes. Et enfin, elle s'est confiée à moi…

Debout sur notre balcon naturel, elle m'a raconté son histoire. Ses parents étaient durs et méchants avec elle. Ils lui en faisaient voir de toutes les couleurs. Elle ne les supportait plus, et c'était pourquoi elle avait décidé de partir avec moi… Une idée qui m'a tout d'abord enchantée, car Ludivine était devenue mon amie, ma compagne de route. En quelques heures seulement, elle m'avait prouvé sa gentillesse et son honnêteté en m'ouvrant son cœur. Et chose incroyable à présent, j'avais confiance en elle. En plus, elle me proposait d'être mon guide vers les montagnes géantes… Puis, je devais reconnaître que voyager à deux, c'était tellement mieux ! Bon, si j'avais été un brin sensée, je l'aurais raisonnée, voire renvoyée chez elle, car Ludivine avait tout à perdre dans cette histoire : une maison, une famille, une vie tranquille… Moi, je n'avais rien de tout ça ! Mais cela me ravissait qu'elle m'accompagne. Alors, je me suis tue et j'ai laissé de côté mon ressenti… Je me disais qu'après tout, elle était assez grande pour savoir ce qu'elle jugeait bon pour elle…

Ma nouvelle amie savait sûrement se débrouiller sans ses parents. Et surtout, ils ne la méritaient pas, s'ils étaient méchants. Non, pour moi, les choses étaient claires à ce moment-là… En partant avec moi, Ludivine prenait la bonne décision. J'en étais convaincue.

Nous sommes restées un bon moment sur notre rocher panoramique. Nous étions bien là-haut. Le Soleil nous accompagnait. La vue en valait la peine… Une succession de petites montagnes russes qui s'étendaient à l'infini. Un spectacle étonnant ! Dire qu'à présent, ces paysages nous appartenaient, mais des yeux seulement… Nous étions heureuses de partager ce moment. Pour fêter cette liberté toute neuve, j'ai sorti une bouteille d'eau de mon sac, et nous avons bu chacune une gorgée. Mais nous avons rapidement recraché le liquide, qui était chaud et sentait le plastique. Insouciantes, redevenues des enfants comme les autres, nous nous sommes allongées sur la roche chaude. Nous en avons profité pour faire le point sur notre grand voyage. Ludivine se détendait et devenait un moulin à paroles. Je lui demandais régulièrement comment elle comptait m'emmener dans les Alpes, mais elle ne désirait pas me répondre. Elle disait que ce serait amusant… que ce serait une surprise !

Après cette petite pause « confidences », nous nous sommes remises en route. Nous avons dévalé la pente, traversé la forêt, et nous avons atteint une rivière. Une grosse rivière… À vue d'œil, elle devait faire au moins trois fois la Warche. Elle était large et profonde. L'eau coulait lentement. Sa transparence permettait de voir le fond, où les pierres et les rochers se succédaient. Elle marquait la frontière entre deux paysages différents.

D'un côté, celui d'où nous venions, un relief accidenté et boisé. De l'autre, un paysage légèrement vallonné avec des prairies. La nature était également plus en avance sur la saison. Les arbres avaient leurs feuilles, et les pelouses dans les jardins étaient tondues.

Ludivine m'a emmenée sur un joli chemin forestier qu'elle semblait connaître. Ce sentier était bien dessiné dans le paysage. Il longeait la rivière dans les bois. Le coin était beau, sauvage et préservé, mais se limitait à la rive où nous nous trouvions. Sur l'autre bord, c'était l'enfer des maisons, des routes et des voitures. Nous marchions d'un pas pressé, à la limite d'une course marathonienne. Le Soleil était derrière nous. Ses rayons chauds nous caressaient délicieusement le dos. Ludivine ouvrait la route en direction du nord… Rien de très réjouissant, car c'était la direction opposée aux Alpes ! Mais je ne disais rien. À voir son allure effrénée, elle avait l'air plutôt sûre d'elle. Nous avons traversé un village, puis un autre… La route empruntée était jolie, pittoresque. De petits torrents se jetaient dans la rivière. Nous les traversions, soit à gué, soit sur des ponts. Tout au long de notre route, nous croisions des pêcheurs, des cyclistes et des promeneurs. Les berges étaient tantôt caillouteuses ou sableuses dans les endroits retirés, tantôt bétonnées ou en pierre dans les villages ou près des routes.

Le soir, nous avons fait une halte dans une épicerie pour acheter de quoi nous restaurer. Ludivine avait pris soin de prendre un peu d'argent avec elle. Avant de partir, elle avait dérobé quelques pièces à ses parents. Cela nous a servi à obtenir du pain, des biscuits et de l'eau. Nous avons ensuite continué notre route à travers la campagne pour nous arrêter sur une plage bordant la rivière : un endroit de rêve au goût de paradis… La forêt s'enfonçait dans l'eau au milieu des algues et des rochers. Elle formait des clairières inondées, un empire vert tropical. C'était surréaliste. Personne dans les parages, pas même un promeneur égaré ! Seul, le bruit du vent mêlé à la mélodie de la rivière nous accompagnait tel un chant doucereux.

Sur une petite butte, nous nous sommes installées au milieu des hautes herbes. Affamées, nous avons sorti nos courses. Je me suis ruée sur le pain nature, mon amie, sur les biscuits. Savourant ce repas de fortune, nous admirions le coucher de soleil qui descendait sur la vallée. Repues, nous nous sommes allongées dans la flore verdoyante, les yeux clos, durant une petite heure, le temps de la digestion. Nous étions épuisées par tous ces kilomètres parcourus.

À la tombée de la nuit, nous avons repris notre périple. Pour ne pas nous perdre dans le crépuscule, nous avons longé la rivière à travers des prairies et des bois. Le Soleil étant couché, le froid nous glaçait. J'ai sorti un pull de mon sac, et Ludivine a fermé son gilet. Nous avons traversé une petite ville. Nous sommes passées devant une église, un restaurant, un hypermarché, puis nous sommes entrées dans une zone industrielle… Un parterre d'usines, d'entreprises s'étendait à perte de vue.

L'endroit était peu rassurant. Il faisait nuit noire. Les routes étaient désertes, il y avait des grillages partout. Cela donnait une impression étrange… Celle d'être dans un camp de concentration. Ne voyant rien, inquiète, j'ai demandé à Ludivine où elle m'emmenait.

Mais elle ne me répondait toujours pas. Son mutisme m'a mise alors en alerte… J'ai douté quelques minutes de celle qui était devenue mon amie. J'ai mis une distance entre ses pas et les miens. Je la suivais loin derrière… prête à m'enfuir en cas de danger.

Ainsi, nous nous sommes dirigées vers le parking d'un grand entrepôt qui hantait la pénombre. Il était occupé par des dizaines de camions garés les uns à côté des autres. Elle m'a fait franchir une barrière métallique. Nous venions de pénétrer dans la propriété. Mon angoisse grandissait à mesure que nous avancions. Timidement, nous nous sommes faufilées discrètement entre les poids lourds. Personnellement, l'endroit m'effrayait. Le bitume noir, l'odeur de mazout, le silence de mort… L'ambiance était franchement sinistre. Sur ce, j'ai stoppé la marche… Ludivine, surprise par mon comportement, s'est tournée vers moi. Je lui ai posé un ultimatum… « Maintenant, Ludi, tu m'expliques où on va, sinon, je me casse… » Et là, cela a été l'électrochoc. J'ai eu droit à quelques précisions sur cette mystérieuse promenade nocturne.

Ludivine m'a expliqué que son oncle travaillait ici. Chauffeur routier, il avait son propre camion. L'oncle, deux fois par semaine, effectuait des livraisons pour diverses sociétés basées dans le Sud de l'Europe. Sa route passait par le Luxembourg, la France et l'Italie… en empruntant le tunnel du mont Blanc. Hé oui, la destination qui me permettrait d'arriver dans les Alpes, je ne rêvais pas ! Je repensais à la petite phrase de sœur Berthe : « Aide-toi et le ciel t'aidera… » J'allais enfin toucher au but de mon voyage… arriver jusqu'au Seigneur des glaciers.

C'était donc la fameuse surprise qu'elle me réservait ! Nous allions voguer vers la France en camion. N'était-ce pas merveilleux ? Excitée et contente à l'annonce de cette nouvelle, j'ai tout de suite embrassé mon amie et j'ai sauté de joie au milieu du parking. Départ prévu la nuit même ! Cependant, il y avait tout de même un souci… Son oncle n'était évidemment pas au courant de notre combine. Nous allions voyager clandestinement… Il fallait s'introduire dans le camion à son insu. Génial ! J'étais dans mon élément. J'adorais ce genre de jeu. J'ai expliqué à Ludivine que « passer incognito » était l'une de mes spécialités, et qu'à son tour, elle devait me faire confiance. J'allais être son guide ! Que ce serait amusant… Mais pour ce faire, nous devions tout d'abord trouver le poids lourd en question. Et dans l'obscurité, ce n'était pas gagné d'avance ! Nous avons sillonné toutes les rangées de véhicules. L'inspection minutieuse s'est faite camion par camion. Sur chaque fourgon, nous regardions attentivement les inscriptions, les dessins. Ludivine connaissait bien celui de son oncle car il l'emmenait souvent voir son bébé mécanique. Finalement, nous l'avons trouvé. Nous sommes tombées dessus par hasard en longeant le grillage qui fermait le domaine. C'était un géant des routes, un semi-remorque noir avec des anges dessinés sur les portières, des anges représentant dans ma tête le paradis des Alpes… J'étais comblée. Je n'avais jamais vu un camion d'une telle beauté. Moi qui ne demandais rien, qui pensais voyager à pied, j'allais toucher mon but dans un luxueux « quatre roues »…

Une voiture est soudain entrée dans le zoning. La lumière des phares a éclairé le camion, frôlé nos têtes… Nous nous sommes vite dissimulées sous la remorque pour ne pas être repérées. L'automobile est passée à vive allure devant l'entrée, et s'est arrêtée plus loin sur le parking d'un autre bâtiment. Ouf, nous l'avions échappé belle ! Moi qui avais pensé que l'endroit était complètement désert, je m'étais trompée. Nous devions rester prudentes si nous voulions réussir. Il aurait été vraiment dommage de se faire prendre à ce moment-là.

Par précaution, nous sommes restées cachées sous le camion. Nous nous sommes assises sur l'asphalte gris, entre deux taches d'huile luisantes. Combien de temps avons-nous attendu ainsi ? Peut-être bien plusieurs heures durant, emmitouflées dans nos petites laines. Je ne garde pas un bon souvenir de ce moment. Coincées entre les roues, dans le noir et l'odeur de pétrole… On tuait le temps comme on le pouvait, en buvant quelques gorgées d'eau ou en stressant à voix basse. Nous n'osions pas bouger, ni respirer normalement. Enfin, au milieu de la nuit, une personne est arrivée. Nous distinguions seulement une silhouette mince avec des cheveux longs attachés… D'après Ludivine, c'était son oncle. Mais d'où venait-il ? Nous n'avions rien vu, rien entendu. Il sortait du noir comme par enchantement. Il venait de nulle part, tel un fantôme ! À moins que le froid n'ait engourdi nos sens dans cette attente… À force de patienter sans remuer, nous étions gelées comme les Fagnes en hiver.

L'homme s'est approché du camion. À l'aide d'une torche électrique, il a éclairé l'emplacement. Prestement, nous nous sommes cachées derrière les roues. Il a ouvert les portes de la remorque à l'arrière, et il est monté à l'intérieur. Ses pas résonnaient au-dessus de nos têtes sur le plancher métallique. Ludivine et moi, nous nous régalions car il n'avait pas capté notre présence.

L'oncle a remis pied à terre cinq minutes plus tard. Il a fait méticuleusement le tour du camion. Avec sa lampe de poche, il inspectait les roues, les feux et les fixations de la remorque. Il sifflait, chantonnait. Ludivine et moi, main dans la main, fermions les yeux. Il a failli, par moments, nous découvrir, mais c'était sans compter avec son esprit volatil et distrait. Il est passé devant notre cachette, et est monté dans la cabine du camion sans se douter de rien. Il a allumé le moteur, les phares. Ludivine, blottie contre moi, m'a tapé sur l'épaule. J'ai sursauté. C'était le signal… L'instant où tout se jouait. Il fallait grimper dans la remorque. Je suis sortie la première en restant sur mes gardes. Je tenais mon petit sac de voyage fermement dans les mains. Mes jambes étaient engourdies par le stress et le froid… Je marchais difficilement en m'appuyant contre les roues du camion.

J'ai longé l'arrière du véhicule jusqu'à atteindre les portes de la remorque. À ma grande surprise, elles étaient restées grandes ouvertes. La chance était avec nous. Génial ! Nous n'avions qu'à monter à l'intérieur. D'un coup d'œil rapide, j'ai inspecté les alentours pour vérifier que personne ne nous avait repérées. Mais à cette heure avancée de la nuit, il n'y avait pas l'ombre d'un chat à des kilomètres à la ronde. Ludivine m'a rejointe dans un nuage de gaz d'échappement, elle riait follement… La nervosité, sans doute ! Elle m'a aidée à gravir les échelons qui accédaient au fourgon, et nous nous sommes retrouvées dans le camion. Hum ! Pas facile d'avancer là-dedans ! C'était un trou noir... Un trou noir profond rempli d'outils, de machines métalliques et de piles de cartons enchevêtrés les uns dans les autres. Un vrai fourbi ! J'avançais la première... prudemment mais sûrement, centimètre par centimètre, en tenant la main de mon amie. Dans cet univers inconnu et sombre, nous nous sommes frayé doucement un chemin pour parvenir au fond de la remorque, non sans encombre, puisque nos bras, nos jambes, nos têtes se cognaient contre toutes sortes d'objets insolites, Ludivine me marchant même sur les pieds... Toutefois, en dépit de ces quelques désagréments, l'ambiance était festive. En avançant à tâtons, je racontais tout bas des histoires horribles pour m'amuser, des scènes de films que j'avais vues dernièrement à la télé et qui me faisaient trembler. Je pensais impressionner Ludivine, mais à mon grand désarroi, cela ne la touchait pas. Elle restait de marbre en écoutant mes aventures télévisées. Pire, je devais sans cesse étouffer ses fous rires... À cause de ses hilarités peu discrètes, j'ai finalement arrêté de relater mes histoires sans pour autant arrêter d'avancer vers le fond du camion. Le sourire, bien sûr, était toujours au rendez-vous. Nous étions en train de réussir le coup du siècle, et nous étions excitées comme des puces.

Soudain, dans un grand bruit sec, les portes du fourgon se sont refermées sur nous... Ludivine sursauta. Cela eut pour effet de stopper ses rires. Moi, au contraire, j'ai gloussé... Ça y était ! Nous étions enfermées dans le camion. Le départ semblait imminent. Nous faisions partie officieusement du convoi… Nous n'avions plus rien à faire, à part nous laisser bercer par le ronronnement du géant de la route jusque dans les Alpes. Ah ! Je me voyais déjà dans le pays où les neiges ne meurent jamais. Les neiges éternelles, comme on les nomme…

Brusquement, le camion a démarré. Autour de nous, tout s'est mis à trembler. Le sol métallique, les piles de cartons et tout le reste… Du moins, c'était ce qu'on imaginait à entendre les bruits de déflagration et de tôle froissée. Je faisais moins la maligne… Craintive, je me suis réfugiée dans les bras de Ludivine. J'avais peur que tout ce lourd matériel ne s'écroule sur nous. Dieu seul savait ce qu'il y avait dans tous ces cartons ! Peut-être des choses dangereuses ou inflammables ? J'étais terrorisée. Heureusement, le camion a pris un rythme de croisière, et tout est rentré dans l'ordre. Le calme est revenu dans notre compartiment de fortune. L'habitacle métallique a arrêté de trembler, le chargement s'est stabilisé. J'ai tâté du doigt les marchandises qui nous entouraient. Rien n'avait bougé. Tout semblait en place. Rassurée, j'ai quitté les bras de Ludivine. Nous avons pu alors nous asseoir tranquillement sur le sol, en nous faisant une petite place au milieu de ce volumineux chargement. Une sorte de camp improvisé perdu dans le noir total… Encore une situation bien délicate, mais salutaire pour nous, car la route s'annonçait longue.

Le sol vibrait, grondait sous nos fesses. J'étais assise, en tailleur, le dos appuyé contre un mur de cartons. Mon sac ne m'avait pas quittée. Il était toujours sur mes genoux. À travers le tissu, je caressais Bouba pour ne pas qu'il ait peur. Ludivine, blottie près de moi, m'a attrapé la main, et nous avons commencé à papoter toutes les deux… Cette nuit mouvementée et originale nous inspirait. Du coup, les langues se déliaient et nous avions plein de choses à nous dire ! Déjà, faire le point sur notre beau voyage : la route que nous étions supposées prendre, la durée du trajet, les risques encourus… Ludivine me parlait aussi beaucoup de son oncle, notre chauffeur. Elle me disait qu'il était sympathique. C'était déjà une bonne chose ! Puis, pour essayer d'évacuer le stress qui nous submergeait, nous nous sommes lâchées sur des sujets plus personnels… Je lui ai raconté ma vie, un peu comme je le fais avec vous maintenant, et elle, elle m'a raconté la sienne.

En voici quelques extraits : Ludivine était une jeune fille rebelle… Tiens, je n'avais pas remarqué ! Elle aimait la nature, les animaux, travailler à la ferme. Mais ses parents lui gâchaient les plaisirs simples, lui gâchaient la vie tout simplement… En effet, ils la considéraient plus comme une esclave que comme leur fille. Ils l'obligeaient à trimer sans relâche à l'exploitation. Elle démarrait ses journées à 6 heures du matin avec la traite des vaches, et terminait tard dans la soirée par le nettoyage des étables. Elle ne pouvait jamais s'évader hors de l'enceinte familiale, ni sortir avec ses amies, voir des garçons… Quant à l'école, ce n'était qu'un détail… Un détail qui servait seulement à occuper ses heures perdues, quand elle en avait… Tu parles d'une vie !

Je comprenais son désarroi et son désir de fuir. Elle, dans une famille difficile ; moi, dans un orphelinat. Finalement, ni l'une, ni l'autre n'étions heureuses. Nous en étions au même point. Mais à présent, ce temps-là était révolu… Après avoir bravé les interdits, nous avions décidé de nous évader toutes les deux loin de la Belgique et surtout de ne jamais revenir…

J'appréciais notre longue discussion. Mon amie était sérieuse, avec un caractère bien trempé. Ludivine se confiait à moi comme si j'étais une adulte. Du coup, au fil de ses confidences, je me sentais importante et cela me donnait de l'assurance. Pendant ce temps-là, le camion continuait tranquillement sa route vers les Alpes, sans savoir qu'à son bord se trouvaient deux passagères clandestines et mineures. Les kilomètres parcourus ne se sentaient pas : pas de bosses, ni de montées ou de descentes. Il roulait à vitesse constante. On devait être sur une autoroute.

Les heures passaient. La situation se compliquait pour nous, l'inconfort commençait à se faire sentir. Nous étions coincées, mal assises. Nous changions régulièrement de position pour apaiser nos courbatures. Dormir dans ces conditions, c'était impossible. Le seul moyen de nous soulager était de parler encore et encore, et le mal finissait par s'estomper… Dehors, il devait faire jour à présent, mais comment le savoir puisque dans la remorque, il faisait toujours nuit. Nous étions pressées d'arriver, de fouler la terre ferme au milieu des montagnes.

Notre souhait a été exaucé peu de temps après. Le camion a décéléré, freiné, et s'est arrêté… Quelques secondes se sont écoulées dans un silence bienvenu, puis la porte s'est ouverte. Une lueur éblouissante a éclairé notre trou. Quelqu'un est entré dans le fourgon, a avancé rudement en poussant les cartons de tous côtés, et est tombé sur nous par inadvertance…

« Bonjour, oncle Jean-Claude ! » s'est soudain écriée Ludivine avec un air joyeux. L'homme a sursauté devant nos deux petites silhouettes, et a arrêté sa course fulgurante parmi les cartons. Immobile et sans voix de nous trouver ici, il nous a observées étrangement. J'ai regardé mon amie. Elle s'est mise à rire. L'homme, un peu embarrassé, a balbutié quelques mots, mais ni l'une, ni l'autre, ne comprenions ce qu'il racontait. Nous nous sommes levées pour l'embrasser sur la joue en guise de bonjour. Ludivine, enthousiasmée, lui a expliqué la raison de notre présence dans la remorque. Moi, par contre, je faisais mine d'être une petite innocente, dissimulée derrière ses épaules. Je regardais à l'extérieur, j'habituais mes yeux à la lumière du jour, et j'ai pu enfin discerner le personnage : la quarantaine, mince, longs cheveux bruns avec des tatouages sur les bras... Il écoutait sa nièce sans l'interrompre avec de grands yeux stupéfaits. Ludivine narrait notre aventure d'une façon espiègle, ce qui a profondément déplu à son oncle. Il s'est énervé soudainement... Il a lâché des mots grossiers, des injures. Il racontait n'importe quoi : en gros, qu'il ne voulait pas être complice de notre fuite. Ses mains tremblaient. Son visage dégoulinait... Il semblait paniqué, l'oncle Jean-Claude.

Finalement, cela m'a fait de la peine. Je suis donc intervenue. À mon tour, j'ai pris la parole, et je l'ai rassuré. Je lui ai expliqué que je voulais aller à Chamonix pour voir le mont Blanc, et qu'une fois là-bas, je ferais comme si je ne l'avais jamais rencontré. Tout simplement ! Une heure d'insistance et de larmes... Je vous passe les détails. Il a fini par accepter ma requête. Ouf ! Chamonix n'était plus qu'à une heure de route. Il aurait été dommage de rater les montagnes alors qu'il nous restait si peu de trajet à parcourir. J'aurais été désolée que mon voyage s'arrête là. Tout s'arrangeait, donc ! J'ai sauté dans ses bras pour le remercier. Ludivine aussi... Un sourire s'est dessiné sur son visage devant notre spontanéité. L'incident était clos. Nous sommes sortis du camion. Moi, devant... J'ai sauté les échelons. Une fois sur la terre ferme, je n'en croyais pas mes yeux. Un paysage de rêve nous entourait. De très hautes montagnes boisées, de grandes murailles vertes parallèles les unes aux autres qui ressemblaient à des vagues d'eau figées dans la mer du ciel... Je me sentais toute petite à côté, ridicule, insignifiante. La nature m'écrasait d'une force invisible... C'était magique et bon ! De grosses taches blanches parsemaient les sommets. C'était de la neige. De la neige encore à cette saison, n'était-ce pas merveilleux ? Il y avait aussi des forêts... Des forêts immenses qui s'étendaient à perte de vue. Elles étaient vertes en bas, et dépourvues de feuilles en haut, avec la neige. Un tableau de maître se tenait devant moi : un paysage d'été mélangé à un autre d'hiver... Voilà ce que j'avais sous les yeux. C'était féerique. Plus près de moi, à mes pieds, se déroulait le monde civilisé avec ses rivières et ses bois... son béton et sa pollution, aussi, malheureusement...

Le camion était garé sur une aire de repos, le long d'une autoroute. Les voitures passaient à vive allure avec sur leur toit, des skis. Cela me rappelait l'hiver à Malmedy : là-bas, les voitures étaient accoutrées pareillement quand elles montaient rejoindre les pistes de ski de fond dans les Hautes-Fagnes.

L'oncle Jean-Claude s'est absenté quelques minutes pour se retirer dans une cabine téléphonique, près d'une cafétéria. Discrètement, nous l'avons rejoint. Curieuses, nos petites oreilles l'écoutaient attentivement discuter derrière la porte vitrée. Les interlocuteurs ne nous étaient pas inconnus, puisqu'il s'agissait des parents de Ludivine. La conversation n'était pas méchante, je vous rassure ! Il leur expliquait simplement que leur fille était avec lui, que c'était un malheureux concours de circonstances, et qu'il la ramènerait en Belgique le plus vite possible. De moi, par contre, il n'a pas fait cas. Je n'étais pas là. Je n'existais pas... Et c'était peut-être mieux ainsi. L'homme nous a offert ensuite une collation dans la cafétéria du parking. C'était super agréable et sympathique de sa part car après un tel voyage, nous mourions littéralement de faim. Nous avons fait le plein de sucreries, de pâtisseries et de boissons, puis nous avons profité allégrement des toilettes qui étaient sur place, car cela faisait au moins deux jours que l'eau n'avait pas coulé sur nos corps pour la toilette. C'est ravigotées que nous avons enfin rejoint le camion garé sur le parking. L'heure était au départ. Oncle Jean-Claude avait un horaire à respecter. Il nous a fait grimper dans la cabine, et nous nous sommes installées près du volant. Sur de bons sièges en cuir, cette fois ! Le sol, je me souviens, était jonché de livres pornographiques. C'était la première fois que j'en voyais. C'était amusant ! J'en ai ramassé quelques-uns. Pas pour les feuilleter ! Je les ai empilés sur mon siège, et je me suis assise dessus. Ainsi, je paraissais presque plus grande que les autres. De toute cette hauteur supplémentaire, je pouvais mieux admirer le paysage.

Oncle Jean-Claude a démarré sur la chaussée grisonnante, et les montagnes ont commencé à défiler sous nos yeux, tel un roman-photo grandeur nature. Nous avons gagné l'autoroute, pris la direction de Chamonix. Nous avons longé des lacs et des rivières, franchi des ponts et des tunnels. La route était belle, et je ne savais plus où donner de la tête…

Plus loin, nous avons atteint une grande vallée en forme de cuvette. Au fond, il y avait une ville au bord d'un lac bleu. On distinguait les vagues, les bateaux et les brumes infinies. Cela ressemblait à une mer en forme de croissant de lune. C'était splendide ! Toutefois, mes yeux étaient ailleurs… Je scrutais l'horizon… l'horizon étincelant. D'immenses terres blanches découpaient le ciel. Au début, je croyais que c'étaient des nuages tellement c'était haut, mais de plus près, je réalisais que c'étaient les Alpes enneigées… Oui, je les voyais pour la première fois. Quelle splendeur ! Quelle majesté ! Les montagnes s'élevaient dans le ciel, vertes en bas, blanches au sommet. Elles étaient impressionnantes, presque au-delà du réel… L'autoroute se prolongeait dans une profonde vallée. Elle cheminait au milieu des sommets blancs, et s'éclipsait vers les montagnes infinies… Ça y était ! Nous étions dans les Alpes. Je reconnaissais le paysage du livre de mon instituteur. Mon cœur battait à tout rompre, mon esprit vagabondait. Mon rêve se réalisait enfin. L'apogée de toutes mes escapades, ma plus belle aventure… Tout ceci me rendait muette et rayonnante. J'entrais dans un *monde étincelle*… sauvage et coloré.

Près de nous, une rivière toute bleue animait le paysage. Elle longeait l'autoroute. Le camion traversait régulièrement des ponts. Cela me rappelait mes balades faites le long de la Warchenne sur la voie ferrée. Pourtant, c'était loin de ressembler à l'environnement de chez nous, puisqu'ici les montagnes dominaient, la neige éternelle persistait et la lumière étincelait… La Lumière ? Peut-être celle que je cherchais…

La rivière, je n'en avais jamais vu d'aussi belle. C'était un ruban de feu qui reflétait la couleur du ciel comme l'aurait fait un miroir. Un tableau magnifique ! Pourtant, le plus beau, le plus fort restait à venir. Chamonix pointait le bout de son nez. Nous n'étions plus qu'à quelques kilomètres. Et je m'attendais, d'une minute à l'autre, à apercevoir le mont Blanc, cette montagne qui enchantait mes rêves depuis plusieurs semaines déjà.

L'excitation me gagnait à l'idée de m'en approcher. L'attente n'a pas été longue. Un dôme blanc deux fois plus haut que les autres est soudain apparu dans le lointain. J'ai levé les yeux vers le ciel. J'ai regardé les sommets. C'était le mont Blanc… Majestueux, il se dressait entre terre et ciel. Je le reconnaissais. Je me rappelais ses photos dans le livre. Quel chef-d'œuvre de la nature ! Il dominait les montagnes avoisinantes pourtant déjà très hautes, et attirait comme un aimant tous les nuages environnants, qui se formaient en collier autour de lui. J'avais devant moi un paysage extrême. Le ciel et la terre ne faisaient plus qu'un. La neige était bleue… et des glaciers géants descendaient jusque tout en bas dans la vallée. La nature régnait ici en maître dans une dimension verticale. Elle dégageait à la fois une incroyable puissance et une immense beauté. L'émotion m'a envahie et je me suis mise à pleurer. Ludivine m'a prise dans ses bras, elle aussi avec les larmes aux yeux. Nous partagions nos ressentis sous le sourire amusé de notre chauffeur qui continuait à se concentrer sur la route.

L'autoroute a commencé à monter dans la forêt. Le mont Blanc grandissait au fur et à mesure de notre avancée. Jusqu'où allait-il s'arrêter ? Il nous offrait toute sa grandeur et sa majesté sur un plateau d'argent. Impressionnée, j'étais sur le point de m'évanouir... Heureusement, Ludivine était avec moi. Elle me serrait fortement la main. Cela me ramenait à la vie. Ensemble, nos regards plongeaient dans le paysage, et assoiffées par la découverte, nous buvions sa magie bienfaisante.

Nous sommes arrivés à Chamonix quelques instants plus tard. Je m'en souviendrai toujours ! Petite ville aux immeubles et chalets en bois qui ne dénaturaient pas le paysage. Cela me rappelait aussi une histoire... J'avais hâte de découvrir cette jolie localité. Il se disait qu'elle était la capitale de l'alpinisme et que les excursions ne manquaient pas. Mais oncle Jean-Claude ne l'entendait pas ainsi. Le camion bifurqua soudain à droite pour une autre destination. Il nous expliqua qu'il n'avait pas le choix. Les poids lourds n'étaient pas autorisés à continuer en direction de Chamonix. D'après lui, c'était déjà un miracle qu'ils puissent circuler dans la vallée. Alors, nous avons continué notre route en passant par une forêt, une magnifique forêt de sapins...

Environ un ou deux kilomètres plus loin, oncle Jean-Claude a stoppé son bolide sur une aire de repos, au pied des montagnes. L'entrée du tunnel pour rejoindre l'Italie pointait à l'horizon.

Pour moi, c'était la fin du voyage…

Ludivine s'est mise à pleurer, sentant notre séparation imminente. De chaudes larmes coulaient sur ses joues et inondaient son jean délavé. J'étais moi-même très triste, mais je ne voulais pas le montrer. Ma fierté en aurait pris un coup. Énergiquement, je l'ai attrapée par la main. J'ai ouvert la portière passager, et nous sommes descendues du camion. Oncle Jean-Claude a fermé la porte derrière nous pour se protéger du froid. En effet, à cette altitude, l'air s'était brutalement rafraîchi. Il est resté discrètement dans la cabine. Debout sur le parking, main dans la main, nous avons regardé ensemble une dernière fois le paysage : le mont Blanc, le Soleil, la glace et la neige… Avant que je ne m'effondre à mon tour, je lui ai donné mon adresse à Malmedy, et nous nous sommes dit au revoir. Un moment douloureux ! Ce long voyage avec mon amie avait été si beau, si merveilleux. Je n'étais pas prête d'oublier cette aventure, et encore moins Ludivine. Émue par ce dernier moment d'amitié, j'avais la gorge nouée et envie de pleurer. Mais je tenais le coup en me répétant qu'elle avait désormais mes coordonnées, et qu'elle pourrait venir me rendre visite à l'orphelinat dès qu'elle le désirerait. Car moi, bien évidemment, après une telle escapade, j'allais être punie. Il était certain que les sœurs ne me feraient plus jamais confiance… Et qu'il me serait désormais interdit de remettre les pieds dehors pour aller la retrouver.

Ah, Ludivine ! Je voulais te dire aujourd'hui que tu as été une amie formidable. En échouant chez toi, par hasard, ce fameux soir de printemps, j'ai découvert une autre pépite d'or… Une pépite sans prix… Un trésor inestimable… Ton amitié… Toi ! Oui, car je te dois beaucoup. Au commencement, ce beau voyage dans les Alpes… puis, toutes les fois où tu es venue me dire bonjour à l'orphelinat… Merci encore ! Je t'aime, mon amie.

Oncle Jean-Claude, bravant le froid, est descendu du camion, et est venu nous rejoindre sur le parking. Il a interrompu nos adieux. Il devait arriver à Milan avant la fin de la journée, et il était déjà en retard. Je lui ai donc fait la bise, puis j'ai embrassé tendrement une dernière fois Ludivine. Tout deux sont remontés dans le camion qui a rapidement démarré. À mesure des tours de roues, je voyais à travers la vitre teintée la main de Ludivine s'agiter. Moi, je lui criais au revoir… Mais je pense qu'elle n'entendait rien. Puis, plus loin, après un court arrêt, le bolide a pénétré dans le tunnel, et a disparu dans un nuage de fumée…

⁂

Je me suis retrouvée seule au bord de la route. C'était étrange, tout à coup, la solitude, cette solitude… Je l'avais presque oubliée après ce long voyage avec Ludivine ! Difficile de faire comme s'il ne s'était rien passé ! Elle me collait une fois de plus à la peau. Je traînais. Je végétais… J'étais partagée entre un sentiment de joie et un autre de tristesse. Triste car je venais de quitter mon amie… Heureuse car j'avais atteint mon but : les montagnes et le mont Blanc… Égarée dans mes pensées, je regardais machinalement les voitures défiler sur la route et les gens à l'intérieur. Ils m'observaient bizarrement. Ils devaient se poser des questions. Qu'est-ce qu'une petite fille de mon âge pouvait bien faire là toute seule ? Lorsque j'y repense, l'oncle Jean-Claude était tout de même inconscient de me laisser seule dans la montagne, loin du monde civilisé, loin de tout…

Intimidée et apeurée par tous ces regards, j'ai fini par fuir la nationale… J'ai quitté le flot de voitures bruyant pour m'enfuir dans la forêt. Je tenais toujours mon petit sac serré contre moi. Là, mon instinct de sauvageonne m'a reprise. Je courais entre les sapins et les plaques de neige, j'escaladais des rochers, franchissais des ruisseaux… Je respirais l'air pur, et savourais le parfum de pin délicieux qui imprégnait les lieux.

J'ai abouti au bord d'un grand ravin… Un abîme vertigineux qui tranchait toute la forêt alpine. Au fond, un glacier se tenait, un magnifique glacier qui descendait du mont Blanc. Il grondait, vivait. Il s'écoulait dans les rides de la montagne comme l'eau dans le lit d'une rivière. La glace dégageait des reflets bleus chapeautés d'une épaisse couche de neige scintillant au soleil. Fascinée, je me suis assise sur un rocher pour contempler ce paysage féerique. Je n'avais qu'une envie, celle de courir sur la glace, de grimper au sommet des montagnes ou encore de m'envoler dans les airs… mais cela aurait été inutile. Il y avait tellement de choses à découvrir là-haut qu'une vie n'aurait pas suffi. Je me contentais donc d'admirer la vue, encore et encore, sans me lasser. Et je m'évadais avec les yeux, comme à l'école à travers la fenêtre.

Autour de moi, les touristes ne manquaient pas. Des gens s'arrêtaient régulièrement. Les enfants jouaient dans la neige à l'ombre des grands sapins. Les parents, quant à eux, s'émerveillaient comme moi devant le panorama. De temps en temps, nous échangions quelques mots. Certains venaient de loin, de très loin pour admirer le mont Blanc. Je n'étais donc pas la seule à vouloir atteindre le Seigneur des glaciers.

La journée s'est paisiblement écoulée dans ce paysage grandiose et magnifique. Puis est arrivé le moment où le Soleil a décliné derrière les montagnes. Un vent glacial s'est mis à souffler. Frigorifiée, j'ai frissonné. Je me suis réveillée de ma léthargie contemplative et j'ai regardé autour de moi. Il n'y avait plus personne… à part moi ! Normal, le soir était tombé sans m'avertir, et comme d'habitude, je n'avais pas vu le temps passer. L'angoisse m'a saisie, aussi violente que le froid ! J'ai sorti Bouba de mon sac pour le serrer fortement contre moi. J'ai pris conscience que j'avais faim et froid, que j'étais toute seule complètement perdue dans la montagne… Et sur-le-champ, je n'ai eu qu'un désir : rentrer à l'orphelinat… Oui, je voulais revoir mes amis, les sœurs et mon lit douillet dans le dortoir. Dire que dans mon égoïsme, je n'avais donné signe de vie à personne durant trois jours ! Ils devaient réellement s'inquiéter à présent. Mais même si une sévère punition m'attendait à coup sûr… Même si je ne pourrais sûrement plus jamais sortir… J'avais réussi ! J'avais découvert, apprivoisé ce mont Blanc qui me faisait tant rêver. À présent, le monde pouvait s'écrouler… Plus rien ne pouvait me toucher, puisque j'avais atteint mon but : le Seigneur des glaciers !

Revenir à Malmedy a été pour moi un jeu d'enfant. J'ai rejoint Chamonix par un petit sentier à travers les bois. J'ai flâné un peu dans les rues, puis, le plus naturellement du monde, je me suis présentée au premier poste de police que j'ai rencontré dans la ville. Là, j'ai raconté mon histoire à une charmante dame en uniforme : que j'avais fugué, que je m'étais enfuie de mon orphelinat en Belgique et que je m'étais perdue dans la montagne. La suite, tout le monde la connaît… Ils m'ont d'abord offert un bon repas chaud au commissariat, puis ils m'ont emmenée dans une sorte de foyer d'accueil où j'ai passé la nuit avec d'autres enfants. Le lendemain, on m'a reconduite gentiment à l'orphelinat dans une voiture banalisée, telle une star dans sa limousine…

Je suis arrivée à Malmedy le soir vers 20 heures. Le retour s'était passé dans un silence serein… Je n'avais rien vu du paysage. J'avais dormi durant tout le voyage. À mon arrivée, il pleuvait des cordes, et mes amis m'attendaient courageusement sous le porche de l'orphelinat. Quelle surprise pour moi de les revoir ! Quel bonheur ! Précipitamment, j'ai ouvert la portière de la voiture, et je me suis mise à courir vers eux en parcourant l'allée détrempée. Personne ne manquait à l'appel. Ils étaient tous là ! Mes amies au premier rang, puis les garçons juste derrière. J'ai gravi les escaliers du porche. Je me suis jetée dans leurs bras, et nous avons savouré chaleureusement nos retrouvailles. L'émotion était plus forte que la fois où j'étais sortie du grenier : en effet, là, je revenais de loin… Ensuite, les sœurs sont arrivées… Elles ont fondu en larmes en me voyant. Le retour de l'enfant prodigue ! Je leur ai souri. Elles ont fait un signe de croix, et elles sont venues m'embrasser. Toutes chacune leur tour, sauf sœur Berthe... Elle, à ma grande stupéfaction, restait à distance, le visage inexpressif. Je sentais qu'elle m'en voulait, qu'elle était furieuse contre moi. C'était vrai que j'avais exagéré, que j'avais abusé de sa confiance. La dernière fois que je l'avais vue, je lui avais dit que je partais simplement faire un petit tour dans le parc. Je comprenais qu'elle soit fâchée... En plus, je n'avais pas choisi la bonne période pour partir : c'était l'époque où beaucoup de petites filles disparaissaient en Belgique sans laisser de traces. Ma fuite n'avait fait qu'attiser le feu... Cela avait pris l'ampleur d'un drame, d'un drame national ! Je faisais la une des journaux, c'est vous dire ! Évidemment, je le regrettais. J'aurais pu au moins les prévenir, leur donner de mes nouvelles, mais fascinée par le voyage, je les avais complètement oubliés. Je n'avais pensé qu'à moi ! En tout cas, j'ai fait une promesse à tout le monde ce jour-là : celle de ne plus recommencer. Non, plus jamais... Et je me suis excusée. Mais mon doux repentir n'a fait qu'effleurer les oreilles des sœurs. Le vent des retrouvailles a subitement viré au rouge. Le sympathique accueil a vite tourné à la tempête. Après nos effusions, sœur Élisabeth est montée sur ses grands chevaux. Elle m'a attrapée par le bras, et m'a enfermée dans les oubliettes au grenier... Ce jour-là, ses mots ont été durs. Elle m'a promis de se débarrasser de moi pour de bon... Mais quatre ans après, j'attends toujours la sentence.

⁂

La Warche, la Warchenne, la Dorée, les Alpes… Que de chemin parcouru en si peu de temps ! Dire que je n'avais que dix ans à l'époque ! Cela augurait de bonnes choses pour la suite. D'ailleurs, l'année suivante, j'ai fait le tour du monde… Non, je plaisante ! En fait, cela a été tout le contraire : je me suis calmée. Après mon voyage dans les Alpes, j'ai repris une vie normale d'enfant à l'orphelinat. Oui, vous ne rêvez pas. Vous avez bien entendu, une vie normale…

Je consacrais désormais tout mon temps à mes cours, et je ne fuguais plus. J'ai d'ailleurs réussi brillamment mon année scolaire : j'étais la première de la classe. J'avais le maximum dans toutes les branches, sauf en maths. Les sœurs étaient contentes de la tournure des événements, quant à mon prof, il était fier de moi. Tant mieux ! Je voulais leur montrer ma motivation, mon envie de reprendre une vie normale, exemplaire, et je remontais un peu dans leur estime. Ce long voyage dans les Alpes m'avait fait un bien fou. Je me sentais ressourcée, rechargée, légère. Les montagnes avaient éveillé plein de choses en moi… de nouvelles sensations, de la magie, de l'espoir, de l'assurance. J'avais l'impression d'avoir grandi d'un seul coup, d'avoir mûri plus vite que la moyenne et d'être une femme à présent.

Mais le mont Blanc n'était qu'une étape… Qu'une étape dans mon grand voyage existentiel. La petite flamme dans mon cœur ne s'était pas éteinte… Au fond de moi, je mourais d'envie de repartir… de reprendre la route avec mon petit sac, et de découvrir d'autres paysages. Seulement, voilà ! J'avais peur… peur de la punition, peur des sœurs. Elles me surveillaient sans cesse depuis ma longue disparition. Je n'étais plus libre de mes mouvements. Elles me menaçaient de m'envoyer ailleurs à la moindre incartade, de m'expédier à la ville dans un autre pensionnat, et cette fois, même sœur Berthe s'y mettait. Et comme je voulais rester à Malmedy, je n'avais pas le choix… Je calmais mes désirs intérieurs… Je me plaisais trop ici. J'aimais la région, le parc et mes amis qui étaient formidables. Si les sœurs m'avaient fait le coup de me renvoyer ailleurs, je crois que je me serais laissé mourir, car j'aurais été trop malheureuse.

Menacée d'être congédiée, j'ai donc été sage et calme toutes ces années. Je travaillais bien à l'école (toujours première de classe, sauf en maths !). Je participais activement à la vie de l'orphelinat (corvées, prières, respect des règles). J'explorais le parc (jamais bien loin de la porte secrète !). Je me lâchais avec mes amis (surtout Tarja, Luca, Verity, Sébastien et Audra, les meilleurs !), et petit changement… je regardais les garçons… Tous les ingrédients d'une vie normale, me direz-vous ? Hé bien, non ! Pour combler ma soif d'espace et de nature, j'ai découvert un nouveau mode d'évasion, plus près de l'art mais jamais loin des paysages : la peinture.

Cela a commencé à mon entrée au collège, en première rénovée [1], c'était il y a deux ou trois ans. Un moment très excitant, je dois avouer ! Je venais de faire ma profession de foi. J'avais douze ans, et je cherchais ma voie. Le collège, justement, m'inspirait une

---

1. Cette classe correspond à la sixième actuelle.

nouvelle vie. On y entrait enfant, on en sortait adulte. Entre les deux, on nous apprenait à vivre et à être plus intelligents. Sylvie et Virginie, mes deux amies plus âgées, m'expliquaient que c'était beaucoup mieux que l'école car le fait d'avoir plusieurs matières nous permettait d'avoir accès à plus de choses différentes. Et surtout, on nous laissait un maximum de liberté. Ah ! Je me réjouissais d'avance de goûter à ce nouvel apprentissage…

Les cours au collège étaient variés : maths, français, sciences, religion, latin, néerlandais, musique, dessin, géographie… Sans compter les options : théâtre, informatique, technologie, anglais, allemand, sport et histoire. Moi qui souhaitais être polyvalente et toucher un peu à tout, j'étais servie ! Toutefois, on devait se cantonner à choisir seulement deux options dans le lot. J'ai donc opté pour le sport et l'allemand. Le sport parce que j'avais besoin de bouger, cela me rappelait mes balades dans la nature. L'allemand car à Malmedy, tout le monde le parlait couramment. À côté de ça, chaque discipline avait un professeur, ce qui me changeait de l'école, où là, nous n'avions qu'un prof attitré pour toute l'année.

Une nouvelle vie, de nouveaux profs, de nouveaux amis à séduire… L'horizon s'ouvrait à moi… J'étais vraiment une adolescente comblée en ce début d'automne mil neuf cent nonante je ne sais plus combien !… J'ai donc démarré cette première année au collège avec grand enthousiasme…

Un cours en particulier me révéla au grand public… Celui de dessin, ou plutôt d'arts plastiques, défendu ardemment par son professeur, madame Renaud. Je me souviendrai toujours de ce moment-là, de cette première leçon. Elle nous demandait de dessiner au hasard ce qui nous venait à l'esprit, n'importe quoi. Alors, j'ai sorti mon crayon noir. J'ai fait le vide dans ma tête, et j'ai laissé ma main guider le crayon. Je me suis lâchée sur ma feuille de papier quadrillée. Dix minutes plus tard, la prof est passée près de moi, et a examiné mon dessin attentivement. Sa réaction m'a enchantée… Elle a écarquillé les yeux, a soupiré un grand coup, et m'a annoncé tout ébahie que j'avais réalisé une œuvre d'art… Rien que ça ! À ses mots, j'étais surprise. Que racontait-elle ? Je lui ai arraché la feuille des mains pour à mon tour examiner mon croquis d'un peu plus près : j'avais dessiné sans m'en rendre compte les Hautes-Fagnes, un souvenir bien ancré dans ma mémoire : je me revoyais seule au milieu des landes et des forêts… C'était vrai que le dessin était plutôt réussi. J'avais l'impression d'admirer une photo ou une carte postale. J'ai souri, ravie de mon œuvre d'art. J'ai rendu le dessin à la prof qui est montée aussitôt sur l'estrade pour le montrer à mes camarades de classe. Les réactions ont été enthousiastes : des éloges, des applaudissements, des acclamations… Moi, à mon bureau, je riais, mi-gênée, mi-surprise. Comment aurais-je pu savoir que j'avais un bon coup de crayon ? Je ne dessinais jamais… Je m'étais découvert un talent. Un talent caché jusqu'à présent au fond de moi, et qui venait de se révéler au grand jour… Un talent qui allait bientôt devenir ma passion.

Mes premières esquisses étaient en noir et blanc, toutes faites au crayon. Il s'agissait le plus souvent de paysages. J'ai d'abord dessiné plusieurs endroits du parc : les étangs, les allées et les bois, pour après m'attaquer à… la Warche, la Warchenne et les collines de l'Ardenne. Ces dessins-là, je les effectuais généralement sur le chemin en revenant du collège. J'étais à pied. J'avais le temps, la liberté. Et puis, j'appréciais le côté pratique. J'avais toujours dans ma mallette ma petite farde artistique. Elle contenait un crayon, une gomme, quelques feuilles blanches et un taille-crayon. Un outillage rudimentaire, mais efficace !

Au fil du temps, prenant de plus en plus d'assurance, je me perfectionnais. La couleur est venue se rajouter sur mes dessins, puis les reflets et les ombres… Le crayon a fait place à l'encre et à la peinture. Je me suis mise aux portraits, aux caricatures et aux panoramas de la région que j'aimais. J'y ajoutais ma touche personnelle. J'essayais de leur donner vie, de les doter d'une âme. J'y parvenais aisément, car je puisais mes créations dans mon cœur. J'étais heureuse. Peindre, pour moi, c'était magique. J'avais trouvé un nouveau moyen de partir, de m'enfuir, de m'évader… J'avais découvert un autre univers, un univers intérieur dont je n'avais jamais soupçonné l'existence.

Le collège, l'orphelinat, les amis, les garçons et la peinture… Voilà les ingrédients qui ont apporté saveur à ma vie pendant les deux années suivantes…

⁂

Jusqu'à cette belle nuit d'automne récente… où j'ai fait un rêve fantastique.

Ah ! Je m'en souviens comme si c'était hier. Comme si l'imaginaire était relié au réel…

Je marchais pieds nus dans une rivière. Je portais une robe blanche très soyeuse. L'eau était bleue, éblouissante… et froide. Le courant était fort, mais je parvenais tout de même à me déplacer entre les pierres. Autour de moi, se dressaient des montagnes enneigées, des aiguilles ornées de glace. Elles me rappelaient celles de Chamonix. Un vent chaud caressait mon visage, et soufflait dans mes cheveux. Je regardais les berges, les rochers et les sapins. Personne, à part moi. Seulement des hordes d'oiseaux volant dans le ciel limpide… Toujours dans l'eau froide, je remontais la rivière jusqu'à sa source pour aboutir au pied d'une grande montagne blanche, un éperon de glace vertigineux qui touchait le Soleil et le ciel. Impressionnée, je ne pouvais la quitter des yeux. Sa grandeur et sa splendeur m'éblouissaient, m'enivraient. Je n'avais jamais vu une montagne aussi belle. C'était magique. J'avais l'impression d'être ailleurs… au paradis… Mon rêve se terminait là, sur cette image de montagne féerique et de déesse de la nature.

Au matin, en me réveillant, j'ai essayé de la dessiner telle que ma mémoire l'avait emmagasinée. Malheureusement, c'était irréalisable : je n'avais que des bribes, de vagues souvenirs. Les détails m'échappaient malgré ma volonté.

Impossible de l'esquisser sur une feuille de papier ! C'était vraiment dommage.

⁂

Je m'étais toujours dit que ce paysage n'était qu'utopique, qu'il n'appartenait qu'à mes songes, mais je me trompais… Un jour, il n'y a pas très longtemps, en feuilletant une encyclopédie géographique à la bibliothèque du collège, je suis tombée dessus par hasard. Imaginez ma surprise ! Les mêmes montagnes, la même lumière et la même ambiance. Ce n'était rien d'autre que le massif de la Meije, au cœur du Parc des Écrins dans les Alpes. Les Alpes ? Mais c'était formidable ! Je connaissais déjà. Et en plus, ce n'était pas si loin.

À cette trouvaille, les choses se sont soudain bousculées dans ma tête. Je commençais à cogiter… Une balade en perspective me démangeait. Pourquoi ne pas m'y rendre, voir tout ça de plus près ? Ce paysage mystérieux, qui était né dans mes rêves et qui existait dans la réalité, était peut-être un nouvel indice, une clé dans ma quête du divin. Je devais en savoir plus, et vite…

Tout excitée, je suis partie le soir même, après une journée douce et ensoleillée… Nous étions à la fin du printemps. J'ai refait dans le dortoir mon petit baluchon, et j'ai quitté discrètement l'orphelinat par le portail d'entrée. Oui, vous avez bien entendu, je n'ai pas emprunté le passage secret ! Comme j'étais désormais plus âgée, les sœurs m'autorisaient à quitter l'enceinte de l'orphelinat quand je le souhaitais. Mais dans mon cas, c'était encore un abus de confiance ! Merci, je sais…

Par contre, cette fois, j'étais mieux organisée. J'avais un peu d'argent dans mes poches car les week-ends, je travaillais. Je gardais des enfants à domicile à Malmedy, un job agréable qui me rapportait pas mal. Ce petit pécule allait me permettre de voyager différemment et confortablement, sans me dissimuler. J'ai pris la direction de la gare, et je suis montée dans le train jusqu'à Grenoble, la ville porte d'entrée des Alpes. Oui, j'avais fait ce choix car je n'avais plus trop envie de faire ce long voyage à pied ou dans une remorque de camion… Je voulais essayer autre chose, utiliser un nouveau moyen de transport, et justement, le train, cela m'enchantait pour deux raisons : d'abord, c'était la première fois que je le prenais ; ensuite, je pouvais me régaler du paysage… À l'intérieur, je ne tenais plus en place. Je cheminais de wagon en wagon, de banquette en banquette. Je regardais par la fenêtre les couleurs de la nuit. J'admirais les collines obscures, les étoiles scintillantes et les villes éclairées qui défilaient. Je me régalais du spectacle. Le roulement du train me berçait. Pour atteindre mon but, j'ai dû changer deux ou trois fois de correspondance en suivant précieusement les indications du chef de gare pour ne pas me perdre. Ce dernier, coup de chance, était souvent près de moi, à ma disposition. Il voyait bien que j'étais toute seule et que c'était la première fois que je prenais le train. Il portait un bel uniforme gris avec une casquette, et avait un terrible accent français. Il veillait sur moi, et me racontait sans cesse des blagues pour me faire rire, mais ça ne marchait pas toujours… Ah, ce n'est pas facile d'être belge et blonde à la fois !

Le lendemain matin, je suis enfin arrivée à destination. Le Soleil se levait sur les montagnes enneigées, ces montagnes que j'affectionnais tant : les Alpes, dans toute leur magnificence. Heureuse et excitée, mon petit baluchon en main, je suis descendue du train. J'ai marché, sans me hâter, un peu le long des quais, puis je me suis assise sur un banc pour admirer la vue. Sous l'emprise de l'émotion que je connaissais bien, j'ai fermé les yeux durant quelques instants. Je voulais savourer ce retour dans les Alpes. Il me rappelait tant de bons souvenirs ! Je repensais à Ludivine et à notre fameux périple en camion. Je regrettais subitement de ne pas l'avoir appelée. Cela aurait été une bonne idée, tiens, de faire ce beau voyage ensemble ! Ah, à ce sujet ! J'ai oublié de vous dire ! À présent, Ludivine est presque mariée. Son petit ami l'accompagne partout où elle va. Impossible donc d'avoir un peu d'intimité entre filles !

En quittant la gare, je ne me suis pas obstinée à taire mon escapade. J'ai appelé sœur Berthe depuis une cabine téléphonique pour ne pas l'inquiéter une fois de plus. La discussion a été agitée, certes, mais elle s'est bien terminée ! Suite à cette conversation houleuse, j'ai pris un bus direction Briançon, une petite ville que j'avais repérée sur des cartes routières avant de partir, située non loin de ma montagne magique. Après être montée dans le car et avoir validé mon ticket auprès du chauffeur, je me suis assise. Je me suis installée juste derrière lui près d'une fenêtre entrouverte pour ne pas perdre une miette du paysage. Aussitôt, une petite fille avec sa poupée est venue s'asseoir à côté de moi… Elle m'a regardée quelques instants avec un air étonné, puis elle a commencé à me parler gentiment. Nous avons fait connaissance. Céline, de son prénom, avait cinq ans. Ses parents occupaient le siège derrière nous. Ils arrivaient de Paris, et s'apprêtaient à passer des vacances dans la région. Ludivine était loin cette fois, mais j'avais trouvé une nouvelle petite amie pour faire le voyage.

Le trajet était magnifique. Il ressemblait à celui que j'avais fait pour aller à Chamonix : d'un camion ou d'un autocar, le panorama était identique. Le bus remontait une rivière toute bleue au milieu des montagnes. Il traversait des villages, des forêts et des champs, il dépassait des lacs, des cascades… Il y avait encore des bancs de neige un peu partout… Un mélange de reste de la saison précédente avec la saison des amours. C'était beau. L'hiver au printemps, ça me fascinait toujours autant !

Après une bonne heure de route, ma montagne préférée est soudain apparue à l'horizon. Magique ! J'étais subjuguée. Elle ressemblait à un bouquet d'aiguilles blanches qui fleurissaient dans le ciel. Elle était encore plus belle que dans mes rêves nocturnes. Collée à mon siège, je la scrutais sans détourner le regard, comme ensorcelée… Elle dominait toutes les Alpes. Sa lumière étincelante éclairait la route, et illuminait mon chemin…

Le car a stoppé sa route à la Grave, un petit village situé au pied de la Meije. Youpi ! J'étais arrivée à destination. Après avoir dit au revoir à Céline et ses parents, j'ai pris mon petit sac, et surexcitée, je suis descendue du véhicule sans plus attendre. J'ai foulé le sol froid. J'ai levé les yeux vers le ciel, et de toute ma hauteur, j'ai admiré longuement ce beau paradis de glace que je connaissais déjà…

Derrière moi, le bus a soudain redémarré. Cela m'a fait sursauter. Je me suis retournée, et je l'ai regardé filer. Je souriais à mes amis qui me faisaient signe à travers la vitre. Un instant mélancolique égaré dans cet univers de joie éblouissant ! La suite, vous la connaissez… Comme une scène déjà vécue… Je regardais les voitures passer sur la route. À l'intérieur, les gens m'observaient bizarrement. Je me suis donc enfuie de nouveau dans la nature avec mon petit baluchon. J'ai quitté la civilisation, la ville, les maisons et les routes pour traverser des prairies enneigées, gravir des barres rocheuses, franchir des torrents… Je vivais mes fantasmes à travers une nouvelle promenade fantastique. Oh ! Que tout ceci m'avait manqué… Comment avais-je pu tenir si longtemps sans bouger ? La neige, à ma grande satisfaction, était résistante, et je marchais sur le tapis blanc sans m'enfoncer. De jeunes arbustes émergeaient à travers ce lit neigeux, et s'épanouissaient fièrement au soleil. Quelques bourgeons timides perçaient ici et là sur les branches. Ils annonçaient l'arrivée du printemps dans les Alpes.

Plus loin, j'ai retrouvé la grande route menant à Briançon. Elle dessinait des lacets au milieu des alpages enneigés. Elle reliait le village de La Grave, situé au fond de la vallée, et le col du Lautaret, perché vers les sommets. Ce col était une plaque tournante, un passage important pour franchir les Alpes. Tout le monde en parlait dans le car. Le papa de Céline disait qu'il était la limite entre les Alpes du Nord et les Alpes du Sud. Des panneaux l'indiquaient régulièrement le long de la route… Ils annonçaient : *« Col du Lautaret : Ouvert ».* Imaginez mon enthousiasme en décryptant ces mots. La nature régnait ici en maître. Elle gouvernait, décidait du sort des hommes. Le lendemain, il neigeait fort par exemple, hé bien, dans ce cas, toute la vallée était coupée du monde ! Et rien ni personne ne pouvait y faire quoi que ce soit. Le délice de suivre les caprices du ciel... Quel changement ! Lors de mes escapades, j'avais découvert des endroits où la nature devait se cacher pour survivre, pour rester intacte. Mais là, c'était le contraire. La main de l'homme ne pouvait résister à la loi de la nature... Elle décidait, il s'écrasait ! Cet endroit était vraiment un coin de paradis, et je n'avais qu'une envie : m'envoler là-haut dans la montagne, tel un oiseau.

Emballée et légère, je me suis mise à courir sur la route. Je gravissais le col au milieu d'immenses congères de neige soufflées par le vent. Les lacets ont fait place à une longue ligne droite. Les voitures me dépassaient. Toujours le même regard à travers les vitres... Mais dans l'état de plénitude où je me trouvais, je m'en fichais complètement. Je faisais le vide dans ma tête. Je volais dans le ciel, dans ce paysage de neige bleue... J'étais sur un nuage... J'étais libre comme le vent...

Puis un flash, un souvenir foudroyant m'a soudain arrêtée dans mon élan : je reconnaissais exactement l'endroit où j'avais échoué dans mes rêves nocturnes. Un décor paradisiaque, une ambiance pure et surtout, la fameuse terrasse panoramique où je cheminais avec vue idyllique sur la Meije... En réalité, j'étais au col du Lautaret. Un petit panneau métallique planté dans un talus au bord de la route l'indiquait. Incroyable ! C'était insensé... J'avais gravi le col en courant sans m'arrêter, sans aucune peine et je n'étais même pas fatiguée. À croire que je m'étais vraiment envolée... La liberté m'avait donné des ailes !

Heureuse de mon exploit, j'ai arpenté quelques instants le balcon du col. Je n'étais pas seule... Beaucoup de monde s'extasiait, prenait des photos. Des voitures s'arrêtaient et les passagers en descendaient pour se promener, regarder le panorama. Les sourires pleuvaient. L'émerveillement se lisait sur tous les visages. On aurait dit qu'ils arrivaient au paradis. Oui, c'était ça... Nous étions tous arrivés au paradis.

Sur le moment, je n'avais pas envie de me joindre à la foule. Je me sentais bizarre... Un bien-être étrange m'envoûtait, m'enivrait... J'ai escaladé le mur de congères, et j'ai marché au hasard dans l'épais manteau blanc. Je me suis allongée un peu plus loin sur le sol enneigé. Mes yeux ne pouvaient se détacher du ciel et des sommets bleus... En retour, la Meije me regardait, enveloppée dans son épais manteau de glace. J'ai alors fermé les yeux. J'avais chaud, très chaud, mais mon corps ne transpirait pas. Vous vous souvenez de cette fameuse sensation magique que j'avais éprouvée le long de la Dorée ? Hé bien ici, je la retrouvais... Elle était même décuplée. Je n'avais jamais connu ça. D'ailleurs, elle était si forte que je me suis évanouie...

Je me suis réveillée seulement le lendemain matin. Je ne vous dis pas ma surprise en ouvrant les yeux ! J'étais allongée au même endroit, sur ce beau tapis de neige scintillant, perdue au milieu des montagnes. Le ciel était déjà bleu malgré l'heure matinale. Le Soleil se levait. Des stalactites de glace pendaient aux rochers. Il faisait un froid glacial... Je ne pouvais pas croire que j'avais dormi là toute la nuit. Comment avais-je pu survivre au gel ? Au vent glacial ? Et pourtant si... En short et en tee-shirt, en plus ! Vous l'avez dit... Un vrai miracle si j'étais encore vivante ce matin-là ! Mais qu'est-ce qui avait bien pu m'arriver ? Je ne me souvenais plus de rien.

Nuit magique, dis-moi ce qui s'est passé ! J'étais si heureuse. Avec la Nature, je ne faisais qu'un. Tout était si pur, si parfait. J'avais l'impression de maîtriser les éléments, de les dompter... Comme quand je réalise une peinture... Comme quand je tiens les pinceaux... Et si ce voyage dans les Écrins n'était autre qu'une toile ? Une toile sur laquelle j'aurais décidé de peindre la réalité... Ma réalité.

Je me suis levée tout étourdie, et mon premier regard, je l'ai offert aux montagnes. Elles n'avaient pas bougé. Elles étaient toujours aussi belles. Ce paysage de rêve me mettait de bonne humeur. Le Soleil encore tiède me réchauffait, m'enveloppait. J'allais beaucoup mieux, et à présent, j'avais envie de retrouver le monde civilisé, de voir des gens… J'ai fait quelques pas dans la neige. J'ai quitté mon lit trois étoiles glacé pour rejoindre tranquillement le col où déjà, les premières voitures arrivaient. Je me suis assise sur les marches d'une vieille maison en ruine, et j'ai admiré la montagne qui se réveillait avec les premiers rayons du roi Soleil. Je regardais tour à tour les sommets blancs, les glaciers miroitants, les fleurs qui s'ouvraient à la chaleur matinale et les cars de touristes qui passaient sur la route…

Bondés, ils m'interpellaient vivement… Je leur faisais signe, criais après eux, et à ma grande surprise, l'un d'eux a stoppé sa course sur l'accotement. Les portes se sont ouvertes…

Une sœur religieuse en est descendue, et a couru vers moi… Je l'aurais reconnue parmi des centaines. Je n'en croyais pas mes yeux… Sœur Berthe était devant moi ! Bon sang, que faisait-elle là, loin de Malmedy, de l'Institut ? Je l'avais prévenue la veille de l'endroit où je me rendais, mais je n'aurais jamais cru qu'elle viendrait me chercher jusqu'ici dans la montagne. Qu'est-ce que cela signifiait ? Déconcertée et muette, je l'examinais de haut en bas : une veste en laine sur les épaules, elle portait une petite valise à la main. Son visage tout sourire me signifiait qu'elle avait l'air contente de me voir. Son expression amicale m'a rassurée, car je craignais des reproches. Elle s'est approchée de moi, s'est assise sur les marches à mes côtés, et elle m'a prise dans ses bras. Un geste d'affection soudain auquel je ne m'attendais pas. J'étais émue, je ne savais pas quoi dire. C'est elle qui a pris la parole. Elle m'a soufflé quelques mots à l'oreille… Des questions, surtout. Comment allais-je ? Où avais-je dormi ? Pourquoi étais-je là ? Mais je restais stoïque, aucun son ne sortait de ma bouche. Son interrogatoire m'intriguait. À sa façon de me questionner, on sentait qu'elle connaissait déjà les réponses. Mais comment aurait-elle pu les deviner ?…

Les minutes sont passées, et brusquement, un vent chaud s'est levé… Sœur Berthe avait des fourmis dans les jambes. Je lui ai proposé de faire une petite promenade dans la neige pour mieux savourer la vue magnifique. Elle a accepté avec plaisir. Nous avons quitté notre escalier ensoleillé pour gagner les alpages enneigés. Nous avons suivi un petit chemin damé qui grimpait vers les sommets. La vue était superbe et le ciel, radieux. Nous croisions sur notre passage de nombreux promeneurs au visage souriant. J'étais fière de lui montrer mon nouveau sanctuaire…

Nous sommes revenues au col vers midi. L'heure tournait, et il était temps pour nous de rentrer chez nous. Sœur Berthe m'a expliqué qu'elle avait juste l'argent pour venir me chercher, et non pas pour passer des vacances dans la région ! Dommage ! J'ai donc regardé une dernière fois le paysage pour lui dire au revoir, pour l'emmagasiner, puis nous avons attrapé un bus sur la route. Il a roulé jusqu'à la gare routière de Grenoble. De là, nous sommes montées dans le train pour la Belgique.

Nous sommes arrivées à l'orphelinat la nuit suivante, radieuses et toutes bronzées. L'accueil a été plus discret que la dernière fois. Seulement sœur Élisabeth sous le porche… Pas d'ovations, donc, mais pas de réprimandes non plus… Une ambiance étrange, indicible. C'était ma dernière escapade…

⁂

Quelques mois après, je suis tombée gravement malade. Les médecins ont découvert une tumeur située dans mon cerveau… Une tumeur énorme, apparue brusquement dans ma tête, sans signes avant-coureurs. C'est là que j'ai appris la fatalité : j'allais mourir ! Oui, tout allait se figer pour moi… C'était la fin ! Ma quête de la Lumière allait donc s'arrêter là, sans que j'aie pu la trouver…

Mais était-ce vraiment important ?

Non ! Au fil de mes balades interdites, j'avais découvert autre chose… J'avais compris que mes sorties dans la nature n'étaient pas de simples promenades anodines. Elles représentaient davantage. Lorsque je cavalais loin de tout, il se passait des choses indéfinissables en moi… des choses indescriptibles, merveilleuses, et les sensations étaient de plus en plus fortes à chaque fois. Le summum, je l'avais atteint dans les Écrins, lors de ma dernière escapade… Là, c'était tellement fort, tellement merveilleux que je m'étais évanouie de bonheur… En plus, là-bas, mon expérience vécue était vraiment inexplicable… Étrangement, je n'avais ressenti ni le froid, ni la faim, ni la soif, ni la fatigue physique. J'avais gravi le col du Lautaret en courant. J'avais dormi quasiment nue, la nuit, dans la neige et le froid… et j'avais flotté continuellement dans une dimension magique, mystérieuse. Comme si j'avais été branchée à une autre source de vie.

Que dire de tout cela ? Comment l'expliquer ? Un esprit cartésien serait perdu… Moi, j'ai ma petite idée. Mes balades, je pense, étaient des étapes… Des étapes de vie… Des étapes vers où, vers quoi ? Cela, je ne le sais pas. Par contre, ce dont je suis sûre, c'est que pour moi le voyage n'est pas fini… Oh non alors ! Je sens à l'intérieur de moi que bientôt, je vais faire une nouvelle promenade… une promenade encore plus belle, plus grande, plus longue et plus folle que les autres. Et cette promenade, il n'y en a qu'une qui se profile à l'horizon… Qu'une seule qui me soit destinée… Qui m'appartienne… Avez-vous deviné où je veux en venir ? Je parle de la mort, évidemment… Maintenant, vous comprenez, mes amis, pourquoi j'ai tant d'espoirs à ce sujet... Pourquoi je dois y croire...

⁂

Il est 10 heures du soir... 22 heures, si vous préférez... Je suis fière de moi car je vous ai écrit toute la journée. J'avais tellement de choses à vous dire ! Des choses importantes, avant qu'il ne soit trop tard... D'ailleurs, j'aimerais vous faire un dernier clin d'œil avant de m'endormir. Vous faire part d'un souhait très cher qui me tient à cœur...

J'ai un rêve... Celui d'un monde où l'âme des hommes et celle de la nature vivent en parfaite harmonie, où elles se rejoignent...

Oh, ne riez pas ! Ce monde existe. Je l'ai vu de mes propres yeux... Souvenez-vous, les Écrins !

Les gens étaient heureux. Ils vivaient, souriaient, soignaient l'environnement... Ils admiraient le paysage tout en l'honorant. Aucun déchet ne jonchait le sol. Pas un sac plastique, ni même un mégot de cigarette...

Les hommes respectaient la nature, et la nature respectait les hommes, le tout dans un bain d'amour indescriptible...

Et si c'était cela, la Lumière ?

Le 6 septembre 1994, 9 h 12

Hello, les amis ! Encore une belle journée qui s'annonce, aujourd'hui. Le Soleil brille, et m'éblouit lorsqu'il s'invite dans ma chambre, par la fenêtre... Je rayonne avec lui. Au fait, avez-vous apprécié mon histoire ? Je le souhaite, car il m'aura fallu plus de deux jours pour vous la narrer. Et le temps m'est compté... Je dois vous avouer que j'avais une peur bleue de ne pas parvenir à terminer avant...

D'ailleurs, j'ai dû prendre quelques raccourcis. J'aurais bien voulu vous parler également de mes amis et de mon quotidien à l'orphelinat. Je suis allée d'abord à l'essentiel, mais je vous promets que s'il me reste du temps, je reprendrai la plume. En tout cas, une chose est sûre, cela m'a fait un bien fou de m'envoler par l'esprit avec vous et de refaire ce beau voyage. Cette fois-ci, nous l'avons fait ensemble...

Pourquoi un bien fou ? Parce que cette nuit, dans mon sommeil, j'étais encore dans le gouffre. Vous savez ? Cet affreux trou noir... Oui, je marchais. Je courais. J'essayais d'atteindre le bout du tunnel, mais il était sans fin... Il n'existait pas d'issue. Par chance, je ne voyais plus les créatures diaboliques... Mais je savais qu'elles étaient là, puisque je les entendais crier dès que je quittais ma route dans les ténèbres. Elles m'épiaient de loin. Elles surveillaient continuellement tous mes faits et gestes. Je sentais leur présence. Aux aguets, tels des vautours, elles attendaient la moindre occasion pour me sauter dessus. J'étais prisonnière dans une sorte de geôle immonde… une cellule sans fin et sans issue. Ah ! Si seulement je pouvais… J'aimerais tellement retourner dans mon petit paradis… là-bas, dans les Écrins. Sœur Berthe m'a promis… m'a promis que si un jour, j'allais mieux, nous irions passer des vacances dans ma montagne magique, avec l'orphelinat. Mais elle rêve un peu, je crois. Les docteurs, eux, n'ont pas la même vision du futur. Ils sont pessimistes. Mon état est désespéré. Je sens la mort toute proche… Elle rôde, et j'ai l'impression que chaque instant compte… que je vais partir d'une minute à l'autre…

Je feuillette la Bible laissée l'autre jour par sœur Berthe sur ma table de nuit… Je survole un peu tous les versets. J'essaye de trouver un lien, un fil conducteur entre la nature et Dieu. Hélas, il y en a peu dans la Bible… C'est dommage, car si nous réfléchissons… La nature et Dieu sont liés. Comme Dieu, la nature nous a donné la vie, l'amour et plein d'autres choses encore…

Une question existentielle, pourtant, me revient souvent à l'esprit : où est donc ce fameux Dieu si merveilleux dont les sœurs nous parlaient tant à l'orphelinat lorsque nous étions petits ? C'est vrai, quoi ! Après tout, je ne l'ai jamais vu. Autour de nous, beaucoup de gens disent avoir des illuminations, des flashs qui leur donnent la foi… Moi, malheureusement, je n'y ai pas droit… À moins qu'il n'existe pas, ou bien peut-être que… c'est de ma faute…

Enfant, je lui en voulais sincèrement pour toute cette vie malheureuse qu'il m'avait donnée, l'abandon, les orphelinats… Je n'avais qu'un désir : me venger, lui rendre la monnaie de sa pièce. Du coup, j'étais très méchante. Cela m'a poussée à faire les quatre cents coups à l'orphelinat. Je taquinais mes amies. J'insultais les éducateurs. Je volais. Je cassais. Je m'enfuyais… Personne n'arrivait à m'éduquer, ce qui m'a valu d'être enfermée de force dans un pensionnat pour enfants difficiles. Cela a été la période la plus noire de mon enfance, la plus dure, la plus triste. Je suis restée deux ans dans ce terrible endroit, le temps d'apprécier l'autorité et l'humiliation. Puis, à la longue, je me suis pliée, je me suis calmée… Après cette épreuve malheureuse, je suis devenue gentille, gaie et sociable. Même mon ressentiment envers Dieu a disparu comme par magie… Je lui ai écrit pour m'excuser… Si, si… Une belle lettre illustrée. J'avais dessiné un trèfle à quatre feuilles sur un bout de carton et derrière, j'avais rédigé un petit mot. Je me souviens lui avoir dit que je l'aimais bien malgré tout, que je ne lui en voulais pas (plus…) pour toute la souffrance que j'avais endurée, et surtout, que je le remerciais de m'avoir donné la vie…

Car la vie, je le sais à présent, c'est un miracle. Dans mon lit d'hôpital, j'ai eu le loisir de longuement réfléchir à la question. Le plus important dans une vie, c'est de naître. La naissance est magique… Le reste après, c'est une fête… Une fête pour célébrer notre présence. Le plus important, c'est d'être là, d'exister et surtout de prendre conscience que l'on vit. Ce n'est pas donné à tout le monde… Il faut vraiment profiter de chaque petit plaisir quotidien.

Pour moi, la fête touche à sa fin. Les lumières s'éteignent doucement. La musique diminue continuellement… Tout s'assombrit… Mais qu'est-ce que je me suis bien amusée ! J'ai dansé sans arrêt… partout… sur la piste de danse, sur les chaises, sur les tables. Pas comme tous ces gens autour de moi qui craignent le regard des autres, et qui restent assis sans rien faire tout le temps. Eux, ils resteront peut-être jusqu'au bout… Mais si c'est pour végéter de la sorte et ne pas s'amuser, à quoi ça sert ? Chut ! On frappe à la porte… Je vous cache dans mes couvertures. Bougez pas ! Je reviens…

⁂

Me revoilà ! C'était juste l'infirmière. Elle est venue me faire une piqûre… Misère ! Elle n'y a pas été de main morte, aujourd'hui. Je ne sais pas comment elle s'y est prise, mais elle m'a piquée directement dans l'os. Je ne vous raconte pas la douleur. Autant vous dire que j'ai hurlé ! Déjà que je déteste ce genre de traitement… Mais maintenant, je suis dégoûtée à jamais des seringues. Vous devriez voir mon bras, il est tout gonflé, à présent. Bon, d'accord, j'arrête de me plaindre. La vie est une fête…

Bon, où en étais-je ? Ah, oui… mon petit mot pour Dieu ! Hé bien, figurez-vous que quelques jours plus tard, je lui ai envoyé… Je m'en souviens comme si c'était hier…

J'étais à une fête foraine, avec un ballon gagné au stand de la pêche aux canards. J'ai sorti discrètement mon trèfle de ma poche, et je l'ai attaché à la ficelle de mon lot. Ensuite, j'ai lâché mon ballon dans les airs qui, heureux d'être libéré, s'est envolé rapidement, sans se faire prier, vers les nuages. Ah ! Je le vois encore, ce beau petit point rose, perdu dans le ciel immense. Mes premiers pas vers la Providence…

Par la suite, cet amour pour Dieu a très vite grandi. Il a pris des proportions énormes, à tel point qu'à un certain moment, je n'avais qu'un désir : devenir nonne. Oui, carrément ! J'avais sept ans et des projets plein la tête… Mais je vous rassure, cette période pieuse n'a duré que très peu de temps. Je me suis vite aperçue que Dieu n'en avait rien à faire d'une petite fille comme moi. Alors, j'ai continué ma route en solitaire, sans lui.

Depuis, j'ai fait du chemin…

Beaucoup de chemin…

⁂

21 h 45…

Je reprends ma plume pour vous annoncer une grande nouvelle qui m'a mise en joie. Je viens de quitter ce satané lit… Oui, vous ne rêvez pas. J'ai réussi à marcher jusqu'à la fenêtre de ma chambre, en trimballant tous mes baxters et la machine derrière moi. Pas si infirme que ça, la petite Doria ! Mais attention, c'est un secret ! Personne ne doit savoir. Car si les médecins l'apprenaient, ils m'attacheraient dans mon lit. Et ça, je n'y tiens pas trop, car je ne pourrais plus vous écrire.

En tout cas, cela m'a fait plaisir de revoir le monde extérieur… Même à travers une vitre. Même s'il faisait nuit noire… J'ai pu regarder la ville illuminée, le ciel et la voie lactée. Durant ce bref moment, mon esprit s'est égaré dans l'infini, a vagabondé dans l'immensité de l'univers. Et j'ai été émerveillée encore une fois... Toutes ces planètes, toutes ces étoiles et toutes ces galaxies qui tournent les unes autour des autres... Quelle valse magnifique ! C'est insaisissable et impressionnant à la fois. Elles forment les engrenages d'un moteur gigantesque... Le moteur de l'univers. Le mécanisme de la vie et de l'existence. J'en parlais l'autre jour à mon professeur de sciences, monsieur Lias. Pour lui, toute cette organisation fantastique est due au Big Bang, une explosion très hasardeuse. Un coup de bol, quoi ! Mais moi, je ne suis pas convaincue. Je vois mal une simple explosion, le hasard créer quelque chose d'aussi magnifique que l'univers. Pour moi, le Big Bang, c'est autre chose... Une explosion, peut-être, mais alors une explosion créative, intelligente... Et pas le hasard ! Il n'y a qu'à regarder le ciel, les étoiles... C'est la perfection ! Moi, je ne calcule pas, j'observe... Et c'est peut-être pour ça que je suis nulle en maths.

Ah ! Ces esprits cartésiens...

Le 7 septembre 1994, 18 heures

Ma vie vient soudain de basculer… Sœur Élisabeth est venue me dire bonjour ce soir dans ma chambre. Nous avons beaucoup discuté toutes les deux. Elle m'a expliqué sa longue entrevue avec le médecin à mon sujet cet après-midi. Hélas, le verdict est sans appel… D'après lui, je traîne la tumeur depuis ma petite enfance. Je serais née, parait-il, avec ce cadeau empoisonné qui aurait grandi progressivement dans ma tête au fil des années, provoquant ainsi un développement anormal de mon cerveau. Il n'a jamais vu ça, paraît-il. Je suis donc un cas ! D'ailleurs, il se demande vraiment si c'est une tumeur que j'ai dans la tête. Les radios dévoilent une espèce d'ombre noire située au milieu de mon cerveau… une ombre noire qui défie toutes ses connaissances en médecine. Encore une histoire bien étrange ! Quoi qu'il en soit, je ne dois pas trop me réjouir de cette nouvelle car même si ce n'est pas une tumeur, les effets sont les mêmes. Il s'agit d'une grosse boule maléfique qui détruit peu à peu mon cerveau.

Mais attendez la suite ! Pour moi, c'est le pire… Au cours de leur discussion, le médecin a demandé à sœur Élisabeth si durant mon enfance et mon adolescence, je n'avais pas souffert de troubles psychologiques, du style des rêves bizarres ou des réactions inexpliquées… Et évidemment, elle s'est permis de raconter toutes mes fugues et ma personnalité un peu désordonnée. Il était content de connaître mes aventures, paraît-il. C'est normal ! Pour son esprit cartésien et étriqué, cela démontrait magnifiquement son diagnostic, cela indiquait que j'étais un cas pathologique, une malade mentale depuis toujours. Ainsi, d'une façon très gentille, sœur Élisabeth m'a annoncé dans ma chambre que j'étais folle, mais que, bien sûr, j'avais des circonstances atténuantes, que ce n'était pas de ma faute. C'est la tumeur, bien sûr ! Tout est de sa faute !

Maintenant que je sais tout cela, je suis au plus mal… Je me sens meurtrie, anéantie, détruite. Imaginez mon désespoir ! Tous mes ressentis… Toutes ces sensations magiques dans la nature, cette chaleur merveilleuse au fond de moi qui me disait de continuer… Tout ça n'était qu'une illusion, des images truquées par la maladie. Ce n'est pas possible ! Non, je ne peux pas le croire… C'est un cauchemar ! Je suis triste. Ne m'en voulez pas si je laisse libre cours à mes larmes, mais vous voyez, je viens de comprendre le sens inutile de ma vie. Je me suis trompée sur toute la ligne. Je pensais réellement avoir trouvé quelque chose de merveilleux, une lueur d'espoir à laquelle je pouvais m'accrocher, un petit bout de rêve… Mais non, à les écouter, tout ceci n'était que le fruit de mon imagination débordante. Je suis profondément désolée de vous avoir entraînés dans mon incroyable délire, les amis ! Je voulais juste vous faire partager quelque chose de fort, c'est raté ! J'ai échoué…

À présent, je me sens seule et vide… Seule face à la mort et à mes cauchemars… J'ai peur… très peur…

Je regarde mon stylo posé sur la feuille blanche. Il ne veut plus avancer, plus écrire…

Mes mains sont prises de tremblements incontrôlables. Ma tête me fait souffrir, et dans la pièce, il fait de plus en plus sombre.

Que se passe-t-il ?

Mon Dieu, aidez-moi !

Je crois que je vais mourir…

Le 10 septembre 1994

Bonjour les amis ! Je suis là... Je survis toujours... Désolée de vous avoir abandonnés ces derniers jours, mais je viens de sortir d'un profond coma. Un coma grave au cours duquel mon cœur s'est arrêté de battre à plusieurs reprises... Tout le monde me pensait morte, même vous je suppose ? Rassurez-vous, je suis toujours là. Je m'accroche une dernière fois à ce qu'il me reste de souffle pour vous dire adieu...

Allongée dans mon lit d'hôpital, la lampe allumée, je regarde le plafond. Désormais, je suis complètement paralysée. Je ne peux plus bouger ni parler... Je parviens à peine à respirer. Sœur Berthe est assise sur une chaise à côté de moi. Ne pouvant plus écrire, c'est à elle que je laisse le soin de rédiger le livre de ma vie... Elle lit sur mes lèvres, et déchiffre mes paroles. Ce sont les dernières, et elles sont pour vous...

Durant mon absence de trois jours où je luttais pour sortir du coma, j'étais de nouveau dans le gouffre... J'errais dans les ténèbres, prisonnière de la boue, des créatures démoniaques et du froid. Par contre, cette fois, je n'étais plus seule dans l'immensité obscure... J'ai rencontré quelqu'un là-bas, quelqu'un de fantastique qui venait d'ailleurs. Je l'ai rencontré... Vous voulez savoir qui ? Hé bien, devinez un peu ? Dieu en personne... Oui, Dieu... Ce fameux Dieu merveilleux dont j'attendais un signe depuis toujours...

Il m'est enfin apparu. Il est venu vers moi. Il m'a illuminée… Et maintenant, je peux le crier avec joie : IL existe vraiment.

Notre rencontre a été magique, au-delà de mes espérances. Nous avons fait un long voyage ensemble. Je volais sur un nuage lumineux, tout en revoyant le film de ma vie avec lui. Il me guidait, me nourrissait par son esprit, par son amour des hommes. Aujourd'hui, je vais beaucoup mieux…

Le Soleil caresse ma chambre de ses rayons, peut-être pour la dernière fois, l'ultime fois.

Pourtant, il pleut aujourd'hui…

Je regarde les murs de mon dernier chez-moi… Mon regard s'arrête sur l'horloge. J'entrevois des étoiles, des rivières, des forêts, des montagnes…

J'ai réussi, mes amis… J'ai trouvé la Lumière… Cette Lumière après laquelle je courais…

Elle est en moi... dans mon cœur, dans mon âme.

Dieu me l'a montrée…

À présent, je n'ai plus peur de mourir, de passer de l'autre côté du miroir. Je m'en vais sereine. Je pars avec le sourire aux lèvres. Je peux, car je suis heureuse. Je vous aime tous.

Et n'oubliez jamais…

Croyez en vos rêves jusqu'à votre dernier souffle !

Après le Journal...

Doria n'écrira plus... Elle nous a laissés sur un sourire, scellant à tout jamais dans nos cœurs l'espoir triomphant, la vie... Son univers splendeur « nature ». Le livre s'est refermé pour toujours, mais l'histoire n'est pas finie...

Toujours croire en ses rêves, ainsi qu'en ses « découvertes »... et ne jamais en douter quand des personnes les remettent en question. Ainsi signifiaient les derniers mots de son journal « Croyez en vos rêves jusqu'à votre dernier souffle ! ». Un message magnifique dans lequel Doria célèbre sa belle (et à présent sublimée) communion avec la nature, tout en discréditant le dernier verdict des médecins... Un verdict erroné, donc, qui n'était qu'une "fausse note" dans une histoire merveilleuse.

Alors qu'après son journal, elle avait fermé ses yeux pour toujours... contre toutes attentes, Doria se réveillera... reviendra à la vie. Progressivement... D'abord, son cœur, ses doigts, son souffle... Puis au fil des semaines, ses lumineux yeux bleus, son sourire et sa joie de vivre. Elle renaîtra, vivra une seconde chance, une nouvelle existence, et sera plus vivante, plus étincelante que jamais... Que s'est-il passé au cours de ce voyage, ce bref instant (quelques minutes) dans l'Au-delà, le Paradis ? Pourquoi a-t-elle décidé subitement de revenir parmi nous ? Les médecins n'arriveront jamais à expliquer ce sursaut miraculeux, ce brusque retour à la vie. Ils préféreront annoncer qu'il ne sera que temporaire. Mais Doria ne l'entendra pas de cette façon... Elle quittera l'hôpital l'année suivante et poursuivra sa vie, son combat contre la maladie dans la nature... Elle s'envolera vers de beaux et lointains horizons secrets, discrets...

Certains auront la chance de la voir dans des endroits magiques et reculés... là-bas dans les Écrins, au cœur des Alpes... en train de peindre... d'immortaliser un paysage, une rivière sur une toile. Tous décriront une jeune femme d'une beauté infinie... Une jeune femme menue, très petite en taille... adorable. Une douce petite fleur secrète, haute d'environ un mètre trente... Une petite fée blonde au regard bleu étincelant qui répand la magie, le mystère sur son chemin. Celui de la guérison...

Aux côtés de son beau et grand prince charmant prénommé Eden, qu'elle rencontrera là-bas dans les Alpes, Doria vivra d'amour, d'aventures et d'art... Elle deviendra une artiste peintre reconnue. Ses tableaux, ses peintures dédiés à la nature... émerveilleront le monde, lui rappelant que la Terre est un paradis... Notre paradis d'ici et maintenant.

Enfin, Doria ne reviendra jamais sur son journal. Elle le gardera secret tout le reste de sa vie, le considérant comme son journal intime. Son journal « Espoir »... Elle le verra comme une peinture... L'une de ses plus belles... Celle où elle a découvert qui elle est vraiment :
Doria Nature.

***...

Imprimé en France - JOUVE, 1, rue du Docteur Sauvé, 53100 MAYENNE
N° 2111409E - Dépôt légal : août 2013